قال تعالى : (قُلْ لَوْ كَانَ الْبَحْرُ مِدَادًا لِكَلِمَاتِ رَبِّي لَنَفِدَ الْبَحْرُ قَبْلَ أَنْ تَنْفَدَ كَلِمَاتُ رَبِّي وَلَوْ جِئْنَا بِمِثْلِهِ مَدَدًا (109))

السلوك التنظيمي

للمنظمات الإدارية

السلوك التنظيمي
للمنظمات الإدارية

الدكتور

محمود يوسف عبد الرحمن

الطبعة الأولى

2012م / 1433 هـ

دار البداية ناشرون وموزعون

المملكة الأردنية الهاشمية
رقم الإيداع لدى دائرة المكتبة الوطنية (2009/12/5271)

658.4
عبد الرحمن ، محمود
السلوك التنظيمي للمنظمات الادارية / محمود يوسف عبد الرحمن
. _ عمان: دار البداية ناشرون وموزعون ، 2009.
( ) ص.
ر.أ: (2009 / 12 / 5271)
الواصفات: / الادارة التنفذية // السلوك التنظمي // ادارة الاعمال /

* إعدادت دائرة المكتبة الوطنية بيانات الفهرسة والتصنيف الأولية
*يتحمل المؤلف كامل المسؤولية القانونية عن محتوى مصنفه ولا يعبر هذا المصنف عن راي دائرة المكتبة الوطنية او اي جهة حكومية أخرى .

الطبعة الأولى

2012م / 1433 هـ

دار البداية ناشرون وموزعون
عمان - وسط البلد
هاتف: 4640679 6 962+ تلفاكس: 4640597 6 962+
ص.ب 510336 عمان 11151 الأردن
Info.daralbedayah@yahoo.com
مختصون بإنتاج الكتاب الجامعي
ISBN: 978-9957-82-037-4 (ردمك)

الإهداء

إلى الوالدين وزوجتي
وأبنائي

واپسی

الفصل الأول
الاتجاهات

الاتجاهات

ترجع الكثير من مشاكل هذا العصر إلى موضوع "الاتجاهات" ولا تنعكس هذه المشاكل على طبيعة العلاقات بين الدولة الغنية والدول الغنية الأخرى، أو الدول الغنية والدول الفقيرة فحسب، ولكن على طبيعة العلاقات التي نمارسها في حياتنا اليومية وفي شتى المجالات، مثل العلاقات بين الآباء والأبناء، والعلاقات بين رئيس الجمهورية والوزراء ... إلى آخر تلك الآلاف من العلاقات التي تنتهي وأهم ما يعنينا من مجموع هذه العلاقات هي العلاقات بين العامل من ناحية وعمله وزملائه ورؤسائه، وسياسات الشركة ... إلى آخره من ناحية أخرى، والتي تعبر عن اتجاهات الفرد تجاه عمله.

- كيف يفكر طرف في طرف أو شيء آخر؟
- كيف يشعر طرف تجاه طرف أو شيء آخر؟
- كيف يسلك طرف تجاه طرف أو شيء آخر؟

تتوقف إجابة هذه الأسئلة على مدى تفهمنا لموضوع "الاتجاهات".

تعريف الاتجاهات:

يعرف كامبل الاتجاهات بأنها تعبير عن درجة الاتساق في الاستجابة لموقف أو مضوع ما. فإذا لاحظنا فردين ووجدنا أن الأول يسلك بطريقة مختلفة كل مرة يواجه فيها نفس الموقف، في حين أن الثاني يسلك سلوكا متشابها كل مرة يواجه فيها نفس الموقف أو الموضوع، فكيف يمكن تفسير ذلك؟ يمكن تفسير التناقض في سلوك الفرد الأول بأنه دليل على عدم وجود اتجاهات لديه تجاه الموقف أو الموضوع، في حين يمكن تفسير التشابه أو الاتساق في سلوك الفرد الثاني بأنه دليل على وجود اتجاهات لديه حيال الموقف أو الموضوع، بغض النظر عن كونها ايجابية أم سلبية.

يعرف البورت Allport الاتجاهـات بأنهـا حالـة اسـتعداد عقـلي منظمـة مـن خـلال الخـبرة الفردية، تؤثر تأثيراً فعالا على استجابة الفرد تجاه جميع الموضوعات وكذلك المواقف التي ترتبط بها.

أما دوب Doob فإنه يعرف الاتجاهات على أنها:

1. استجابة ضمنية.
2. متوقعة ومؤدية إلى نماذج سلوكية علنية Overt.
3. ويمكن تحريكها بالعديد من المثيرات الناتجة عن التعلم أو عن القدرة على التجميع والتمييز.
4. والتي تعتبر مثيرا لاستجابات اخرى ومحركا للسلوك في نفس الوقت.
5. والتي تعتبر هامة في المجتمع الذي يعيشه الفرد.

وتعنـي "الاسـتجابة الـضمنية" الاسـتجابة التـي تحـدث داخـل الفـرد والتـي لا يمكـن لغـيره ملاحظتها مباشرة أما كلمة متوقعة فإنها تشير إلى ارتباط الاتجاهات بثـواب (مكافـأة) سـابق، أو وانهـا تؤدي إلى الحصول عليه، أن أنهـا تـشير إلى ارتبـاط الاتجاهـات بهـدف محـدد. "أمـا مؤديـة إلى نمـاذج سلوكية علنية" فتعني كيف تعلم الاتجاهات على تحقيق هذا الهدف، أي المحاولات التي يبذلها الفـرد لزيادة احتمالات الحصول على المكافـأة والاقـلال مـن احـتمالات الحـصول عـلى العقـاب فـيما يتعلـق بتحقيق هدفه. أما "تحريك الاتجاهات" فانها ترتبط بفكرة التعلم السابق الذي حدث في حيـاة الفـرد، أي الأسباب التاريخية التي أوجبت الارتباط بين المثير والاتجاهـات. كـذلك تـرتبط الاتجاهـات بالقـدرة على التجميع والتمييز والتي تعني أن ليس كل ما سبق للفرد تعلمـه سـوف يـصبح محركـا لاتجاهاتـه. وبعبارة أخرى، فان الفرد يتعلم أ، هناك بعض المثيرات التي لا تؤدي إلى تحريكها. أما كـون الاتجاهـات مثيرا لاستجابات أخرى ومحركا للسلوك في نفس الوقت، فأنها ترمز إلى الدور المزدوج الذي تلعبه في آن واحد. فمما لا شك فيه أن استجابة ضمنية قد تثير في الفرد استجابات اخرى مرتبطة بها، فمثلاً نجد أن الاستجابة الضمنية، أي الاتجاهات، لكلمة يهودي تثير استجابات أخرى مثل الخداع والبخل... إلى آخره، وفي

نفس الوقت تعتبر الاتجاهات محركا للسلوك، بمعنى أن تؤدي في النهاية إلى سلوك محدد. ففي المثال السابق يكون هذا السلوك الذي تحكمه الاتجاهات هو محاربة اليهودي أو قطع أية علاقات اجتماعية معه. أما النقطة الاخيرة في تعريف دوب فأنها تعفى أن الاتجاهات التي يجب اخذها في الاعتبار حين الدراسة هي تلك التي تعتبر هامة في حياة الفرد ومجتمعه، فاتجاهات الفرد تجاه لون من الوان الطعام قد لا تكون هامة مثل اتجاهاته تجاه نظام الحكم المحلي أو ازمة المواصلات أو الإسكان وخلافه.

يعرف شاين Chein الاتجاهات بأنها استعداد فردي لتقييم أي موضوع أو فعل أو موقف بطريقة معينة.

وبغض النظر عن التشابه أو الاختلاف في هذه التعاريف وغيرها من التعاريف التي لم تذكر، وبغض النظر عن درجة تعقد أو سهولة كل منها إلا أننا نميل إلى التعريف الذي أورده تريانـدس Triandis والذي يحتوي على معظم المفاهيم الاساسية التي وردت في مختلف التعاريف وهو أن "الاتجاهات هي فكرة مشبعة بالعاطفة، تميل إلى تحريك النماذج المختلفة من السلوك، كل إلى موقف أو موضوع معين". ويقترح هذا التعريف أن هناك ثلاث مكونات للاتجاهات وهي:

1. المكون الفكري:

أي أن "الفكرة" في التعريف السابق ما هي إلا أحد الأطر الفكرية للفرد. وبالتالي فإنه لن يكون للفرد أية اتجاهات حيال أي موضوع إلا إذا كانت عنده أولاً وقبل كل شيء معرفة، ليست بالضرورة كاملة، عنه. فإذا ما سألت أحد القراء عن اتجاهاته حيال أل Hamburger فإنه لن يستطيع اعطائي أية اجابة. أما إذا قلت له أن هذه الكلمة تعني سندوتش لحم مفروم، فإن بمقدوره الآن اعطائي الاجابة، أيا كانت ولمعرفة كيف تنشأ الأطر الفكرية، فإنني احيل القارئ إلى اعادة قرءاة التنظيم الفكري في الفصل الرابع الخاص بالإدراك.

2. المكون الشعوري أو العاطفي:

يعني ذلك أن الفكرة التي كونها الفرد عن موضوع ما يجب أن يرتبط بها شعور ما حيالها. وأن هذا الشعور لن يتكون إلا إذا تكونت الفكرة أولاً. ففي المثال السابق بعد أن أعطيت معنى الكلمة الانجليزية، فقد تكون اجابتك أنني أحب هذا اللون من الطعام أولاً أحبه. أي أن الشعور قد يكون ايجابياً أو سلبياً، لصالح أو ضد، جيد أو سيء وهكذا.

إن طبيعة الشعور الذي يتولد حيال موضوع ما يتوقف على طبيعة العلاقة بين هذا الموضوع وبين الأهداف الخرى التي يراها الفرد هامة. وعلى ذلك فإن هذا الشعور يصبح ايجابياً تجاه أي موضوع، إذا كان ذلك يؤدي بدوره إلى تحقيق أهداف أخرى، والعكس صحيح، فعلى سبيل المثال نجد أن الإسكان الشعبي قد يرتبط في ذهن البعض بأهداف أخرى مرغوب فيها مثل الايجار المنخفض، في حين يرتبط نفس الموضوع في ذهن البعض الآخر بأهداف أو نتائج أخرى غير مرغوب فيها مثل انخفاض القيمة البيعية للمساكن الأخرى المجاورة. وبالتالي فإننا نتوقع أن تكون الاتجاهات حيال الاسكان الشعبي ايجابية في الحالة الأولى وملبية في الحالة الثانية. وعلى ذلك فإنه يمكن القول أن شعور الفرد حيال موضوع ما يتحدد وفقاً لإدراك الفرد لاحتمالات وجود علاقة بين هذا الموضوع من ناحية والاهداف المختلفة الاخرى (المخرجات الأخرى) من ناحية اخرى، وكذلك على درجة الرضاء المرتبطة بكل منها، أي أن:

$ت = ح_1 \times ق_1 + ح_2 \times ق_2 .... ح_ن \times ق_ن$ حيث (ت) هي الاتجاهات، (ح) هي احتمالات الاهداف الاخرى، (ق) هي قيمة كل هدف منها كما يدركها الفرد.

3. مكون الميل السلوكي:

يعني هذا المكون أنه إذا توافرت لدى الفرد المعرفة بموضوع ما، ثم تلاها تولد شعور محدد (إيجابي أم سلبي) حيالها، فإنه يصبح أكثر ميلاً إلى أن يسلك

سلوكاً محدداً تجاه هذا الموضوع. فإذا رجعنا إلى المثال السابق وافترضنا ان القـارئ يعـرف معنى كلمة هامورجر الآن، وانه يحب هذا اللون من الطعام، فإنه ولا شك يصبح أكثر مـيلاً إلى شرائـه. وهنا يجب التفرقة بين الميل السلوكي والسلوك الفعلي، فالأول يعبر عن الرغبة في السلوك (أي الرغبة في الشراء)،أما للثاني فيرمز إلى الفعل الحقيقي (أي الشراء ذاته) وقد نرغب اشياء كثيرة في حياتنا ولكننا لا نقدم على تحقيقها، وهذا هو الفارق الجوهري بين كليهما (سيأتي ذكر ذلك تفصيلاً فيما بعد حين الكلام عن التغيير).

ينبني السلوك حيال أي موضوع على بعدين أساسيين وهما البعد الخاص بالشعور الايجابي / السلبي والبعد الخاص بالاقتراب / الابتعاد، كما هو موضح بالشكل رقم (4)، الـذي يتـضح منـه وجـود أربعة أنماط سلوكية وهي "الابتعاد عن الموضوع"، "الاقتراب منه"، "المحاربة" (يذهب ضد) و"الحياد".

شكل رقم (4)

الأبعاد المحددة لسلوك الفرد

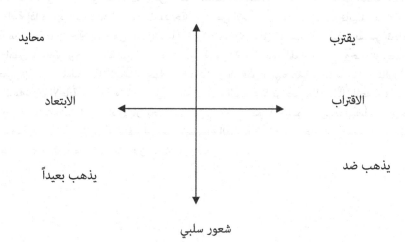

وعلى ذلك فإن السلوك الفعلي لأي فرد هو محصلة التفاعل بين (أ) الميل نحو الاقتراب أو الابتعاد من الموضوع، (ب) درجة ايجابية أو سلبية سعوره حياله. وهذا هو الدور الذي تلعبه الاتجاهات في تحديد السلوك.

وظائف الاتجاهات:

إذا سلمنا بوجود فوارق بين الشخص العاقل والشخص غير العاقل، فإن هذه الفوارق تنعكس على الفارق بين الخطأ والصواب. ففي حين يستطيع الشخص العاقل التمييز بين الخطأ والصواب، فإن الشخص غير العقال لا يستطيع التمييز بينهما. وفي ذلك تفسير لماهية الوظائف التي تضطلع بها اتجاهاتنا. أي أنه إذا لم تكن للاتجاهات أية وظائف، فلن يكون هناك أي فارق بين العاقل والمجنو. هناك أربعة وظائف رئيسية للاتجاهات يمكن إيجازها فيما يلي:

1. وظيفة المنفعة:

تعني هذه الوظيفة أن الفرد دائماً ابدا يسعى إلى تعظيم الأشياء الايجابية في عالمه الخارجي (الثواب)، وإلى الاقلال إلى الحد الأدنى من الأشياء السلبية (العقاب). وعلى ذلك تصبح اتجاهات الفرد ايجابية إذا ما ارتبطت هذه الاتجاهات بدرجة عالية من الاشباع أو الرضاء، كذلك فإنها تصبح سلبية إذا ما ارتبطت بدرجة عالية من عدم الاشباع أو الاستياء. ولا شكل أن هذه الوظيفة تفسر اتجاهات العاملين في بعض وحدات القطاع العام والعاملين في وحدات الخدمة المدنية على وجه الخصوص في مصر. فإذا ما تساءلنا لماذا اكتسب هؤلاء العاملين أو البعض منهم اتجاهات سلبية حيال طالبي الخدمة، فإن الإجابة واضحة وتتلخص في أن اتجاهاتهم السلبية لا ترتبط بنظام فعال للعقاب، كما ان الاتجاهات الايجابية التي ننادى بأن يحملوها معهم حين ادائهم لأعمالهم لا ترتبط أيضاً بنظام فعال للثواب. إذا، فلماذا يحاول أي منهم أن يغير اتجاهاته السلبية إلى أخرى إيجابية. هذا وسوف تغطي هذه النقطة بشيء من التفصيل حين الكلام عن التغيير فيما بعد.

2. وظيفة الدفاع عن الذات:

إن الفرد يعيش في عالمه الخارجي كما يعيش مع نفسه أيضاً. وفي كلتا الحالتين فإنه يواجه كثيراً من الضغوط من داخل نفسه ومن خارجها. تبرز هذه الضغوط الداخلية حينما تتصارع قيم الفرد ومعتقداته مع سلوكه الفعلي، كما تتمثل الضغوط الخارجية في الصراع الدائم القائم بين قيم الفرد ومعتقداته وبين ما يطالبه به المجتمع وحيث أن الصراع، سواء داخلي أم خارجي، جزء لا يتجزأ من حياتنا اليومية لذلك فإن الإقلال من القلق الناشئ عنه يعتبر امراً حيويا، وهذا هو ما تؤديه وظيفة الدفاع عن الذات.

ومما يجب ملاحظته أن الوسائل المختلفة التي يستخدمها الفرد الدفاع عن ذاته لها وجهان، وجه حسن وآخر سيء. يتمثل الوجه الحسن في انها تساعد الفرد عن التخلص من الصراع الذي يعتريه والقلق الناشئ عنه، أما الوجه السيء فإنه يتمثل في أن محاولة التخلص من الصراع والقلق قد تدفع الفرد إلى التعامي عن حل المشكلة حلا جذريا أو القضاء على جذور الصراع. فالعامل الذي يسبب رئيسه وزملائه قد يستطيع بذلك التخفيف من حدة التوتر والقلق التي يشعر بها، إلا أن ذلك يعميه عن المشكلة الأصلية، وهي ضرورة التكيف مع مجتمع العمل الذي يعيش فيه.

أن كل فرد يحاول دائماً الدفاع عن ذاته، إلا اننا جمعياً نختلف منحيث درجة استخدامنا لأسحلة الدفاع، وهذا يفسر صعوبة تغيير بعض الأشخاص بالقياس إلى البعض الآخر. أضف إلى ذكل أن الكثير منا قد لا يكون على وعي تام بمدى استخدامه لهذه الاسلحة الدفاعية، وقد يكون البعض غير واع باستخدامها على الاطلاق فالمرأة القبيحة الشكل تجد نفسها، دون وعي، مساقة إلى تجاهل أو نقد للنساء الجميلات، والعكس صحيح. كذلك فإن الام عادة ما تركز في حديثها مع الآخرين وخاصة الشبان على اخلاق واحترام الزوج وإجادة طهي الطعام... إلى آخره. إذا كانت لها ابنة دميمة لم تتزوج بعد، وهذا كله يعكس عملية الدفاع عن الذات.

3. وظيفة التعبير عن الذات:

في حين نجد أن بعض الاتجاهات تقوم بوظيفة اخفاء حقيقة الفرد عـن الاخرين، غـلا أن البعض الاجر منها يقوم بوظيفة التعبير عن القيم الفردية وخاصة الهام منها أي التعبير عـن الـذات. وعلى ذلك فإن التعبير عن القيم الفردية وعن ذاتية الفرد تعتبر مصدراً مـن مصادر الـشعور بالرضاء حتى وأن أدى ذلك إلى خلق بضع الصراعات مـع الآخرين. ويكون مصدر الـشعور بالرضاء في هـذه الحالة وهو نجاح الفرد في اثباته لذاته Self Identity حتى وإن جاء ذلك على حـساب عـدم الحـصول على تعضيد الآخرين.

في بداية تكوين الشخصية عادة ما يسأل الفرد نفسه من أنا. أما الشخصية الناضجة فإنها تنتهي بسؤال آخر وهو ماذا اريد أن اكون. وعلى ذلك فإن التعبير عن القيم وذاتية الفرد ليست فقط اثبات الذاتية كما يود الاخرين أن يروها، ولكنها برهان للفرد باستقرار شخصيته ذاتها.

4. وظيفة المعرفة:

لن يستطيع أي فرد تفهم العالم الذي يدور حوله، إلا إذا كانت لديه معايير واضحة تساعده على الفهم، وهذه هي وظيفة المعرفة التي تضطلع بها الاتجاهات. إلا أن ذلك لا يعني أننا جميعاً مدفوعون بحب الاستطلاع القوى تجاه الاستزادة من المعرفة بلا حدود. فقد لا يـستطيع كـل قـارئ أن يحصر عدد الدول الأعضاء في الأمم المتحدة أو عدد الدول الأعضاء في جامعـة الـدول العربيـة والمبـدأ الأساسي هنا هو أن اتجاهات الفرد تدفعه إلى معرفة الأشياء التي قد تـرتبط ارتباطا مباشراً بعملـه أو حياته. فإذا كان بالأمكان تصور عدم معرفة كل قارئ لعـدد الـدول الأعضاء في الامـم المتحـدة. إلا أن وزير الخارجية لاشك يعرف ذلك جيداً، وإذا كانت الزوجة لا تأبه كثيراً للتعديلات التي ادخلها المشروع على قوانين الضرائب، إلا أنها تقرأ الكثير عن الطرق المختلفة لاعداد وجبات الطعام.

نشأة الاتجاهات:

يخلق الإنسان بتكوين جسماني متكامل، إلا أن هذا التكوين يأتي خال من الاتجاهات فالإنسان يتعلم الاتجاهات، أي يكتسبها وينعيها ويطورها. وفي الكلام عن نشأة الاتجاهات فأننا سوف نتعرض لنشأة كل مكون من مكوناتها على حدة، بالرغم من صعوبة عمل ذلك نظراً لوجود ترابط كبير بين مكونات الاتجاهات الثلاثة.

نشأة المكون الفكري:

قد يكون من السهولة بمكان الكلام عن تنمية الاتجاهات وتطورها، إلا أن ذلك قد يكون صعباً وغير منطقياً في غياب الحديث عن نشأتها. ويمكن استخدام فكرة "نشأة المفهوم" كمنطلق لشرح نشأة المكون الفكري للاتجاهات "المفهوم" هو مبدأ عقلي من خلاله يستطيع الفرد أن يضع جميع المثيرات التي تحيط بعالمه في اقسام منفصلة حتى يمكنه فهمها. وعلى ذلك فإن الشخص الأسود اللون، ذا الشعر المجعد، وذا الشفاة الغليظة يكون تعبرا عن مفهموم محدد وهو "الرجل الأسود" وبصفة عامة، فإن المفاهيم تنشأ وتنمو بمرور الزمن وفقا للخبرات التي يكتسبها الفرد فالطفل على سبيل المثال يتعلم مفهوم "البقرة" لأن والديه والآخرون ينطقون هذا الاسم امامه وهم يشيرون إليها في الحقل أو في صورة في كتاب أو في اطار معلق على الحائط. كذلك يتعلم الطفل أن مفهوم "اللون" ليس مفتاحاً لتفهم مفهوم البقرة" إلا أنه يساعده على ذلك. وبالتالي فإن كل شيء أسود اللون ليس بالضرورة تعبيراً عن مفهوم البقرة، إلا أن اللون الأخضر لن يكون تعبيراً عن هذا المفهوم باية حال وبنفس المنطق يكون الطفل مفهومه عن البشر. فهو يكتشف أن أحد أبعاد أو خصائص الرجل الأسود على سبيل المثال هو سواد البشرة، إلا أن سواد البشرة الناتج عن التعرض لأشعة الشمس أثناء الصيف لا تجعل صاحبها "رجلا أسود" وهذا يعني أن الطفل يبدأ في ملاحظة وتجميع بعض الخصائص الأخرى، غير لون البشرة، والتي تساعده على التفرقة بين مفهوم " الرجل الأسود" و"الرجل

الأبيض" مثل خصائص الوجه الأخرى وخصائص الشعر. فإذا ما نجح الطفل في التمييز بين المفاهيم المتعددة، فإنه يكون قد نجح في تكوين مفاهيم واضحة عما يحيط به، والعكس صحيح.

ويقدم شكل رقم (5) نموذجا مبسطا لفكرة تكوين المفهوم، حيث توجد عدد من المتغيرات (s) التي تتفاعل مع بعضها البعض مكونة بذلك "استجابة وسيطة Mediationg Response والتي من خلالها تتحول المثيرات المنفصلة إلى نظام واضح للمفهوم (s) وبمعنى آخر، فإن المثيرات المنفصلة لا تتكامل مع بعضها مكونة مفهوما واضحاً إلا من خلال الاستجابة الوسيطة التي توضح كيف تتفاعل هذه المثيرات مع بعضها البعض. فعلى سبيل المثال يمكن القول ان كل (s) هي عبارة عن ظل مختلف من اللون الرمادي، في حين أن (s) هي مفهوم اللون الرمادي في حين أن (r) هي محصلة تفاعل جميع (s) مع بعضها البعض.

شكل رقم (5)

نموذج مبسط لنشأة المفهوم

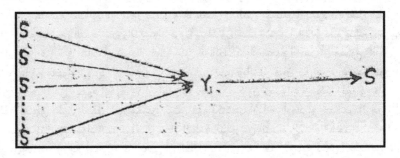

أما شكل رقم (6) فإنه يقدم نموذجاً أكثر تعقيداً عن تكوين "المفهوم" حيث توجد فيه مجموعات من المثيرات (s) وعدد من الاستجابات الوسيطة (r_1) وعدد من المفاهيم من الطبقة الأولى، أي فرعية (s_1) ثم استجابة وسية مركبة (r_a)، ثم مفهوم متكامل (s).

شكل رقم (6)

نموذج مركب لنشأة المفهوم

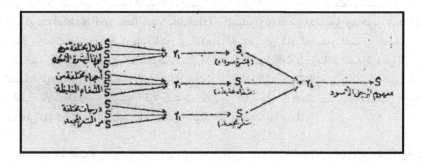

التعميم Sociotyping and Stereotyping:

وهناك نقطة هامة ترتبط بنشأة المسكون الفكري وهي الميل نحو التعميم، وهو الميل الطبيعي نحو عملية نسخ الجماعات. فبمجرد أن تستقر في الأذهان عملية التنظيم الفكري (راجع الفصل الخاص بالإدراك)، أي بمجرد أن تستقر في الذهن مجموعة ما مثل المجموعة الخاصة "باليهود" فأن الفرد يميل إلى الحاق عدة خصائص بها مثل "التشرد"، "البخل" والرغبة في السطيرة، ... إلى آخره، وبالتالي فإنه يميل إلى القول أن جميع هذه الخصائص تنطبق على كل يهودي وقد لا يكون ذلك صحيحاً في جميع الأحوال بدليل أن هنري كيسينجر كيهودي يختلف عن دافيد بن جوريون كيهودي أيضاً. وعلى أية حال فإن الخصائص الحقيقية التي تتميز بها طائفة ما من الأفراد يطلق عليها Sociotype أي "نوعية الطائفة"، في حين أن ما يعتقده الآخرون عن خصائص هذه الطائفة هو الذي تطلق عليه Stereotype فحينما نفكر في بعض الطوائف التي نعرفها معرفة سطحية فاننا نميل إلى اعتناق معتقدات الآخرين فيهم مثل المؤرخين ومحرري الصحف والكتاب. ومن الناحية الأخرى فاننا نميل إلى الاعتماد على خبراتنا الشخصية حينما نفكر في أولئك الذي نعرفهم معرفة جيدة مثل الاقارب. وبين هذا وذاك، فأننا نعتمد على الآخرين أو على خبراتنا الشخصية أو كليهما دون تميز, وبصفة عامة فإننا نميل إلى التعميم Stereotyping أكثر وأكثر كلما قلت درجة معرفتنا بالآخرين.

عادة ما يتصف السلوك المعمم Stereotyped Behavior عن الآخرين بعدم المرونة. ذلك أن تغييره يعني رفض الأشخاص الذين قاموا بتعليمنا أياه. وعلى ذلك فانه كلما زادت درجة التعميم عن الاخرين، كلما قلت احتمالات قبول أية معلومات جديدة غير مستقة مع السلوك القديم (المعمم) إلا أن ذلك لا يعني أن مثل هذا السلوك لا يمكن تغييره على الاطلاق. فقد اثبت ترياندس وفاسيلو وناسياكو Triandis, Vassiliou and Nassiakou وفاسيليو وترياندس وفاسيليو وماجوير McCuire في عدة دراسات عن الأمريكيين واليونانيين أن الاتصال المستمر بين كلا الجنسين أدت إلى الأقلال من درجة السلبية التي يشعر بها كل طرف حيال الآخر، كما انها ادت إلى زيادة القدرة على التمييز بالنسبة لكل، بمعنى أن الطرف الاخر، كما أنها أدت إلى زيادة القدرة على التمييز بالنسبة لكلن بمعنى أن الطرف الآخر ليس غير مرغوب فيه كلية كما كان من قبل، بل أن هناك بعض الخصائص الجيدة التييتحلى بها كما أن هناك بعض الخصائص السيئة التي يتصف بها أيضاً.

كذلك ثبت من دراسة اجراها بروثرو وميليكيان Prothro and Melikian عن ادراك بعض الطلبة العرب لبعض الجنسيات الأخرى بما فيها الجنسية الامريكية أنه بالإمكان تغيير السلوك المعمم كنتيجة لإضافة معلومات جديدة. وقد قام الباحثان بإعطاء الطلبة العرب قائمة تحتوي على بعض الصفات،وطلب منهم وضع علامات على تلك التي تصف وتميز كل جنسية بما فيها الجنسية الامريكية. وبعد ذلك قام الطلبة بزيارة الأسطول السابع في المياه اللبنانية وطلب منهم بعد انتهاء الزيارة تكرار ما سبق لهم عمله من واقع نفس القائمة السابقة. وقد جاءت نتائج الوصف مطابقة للسابقة باستثناء تلك الخاصة بالجنسية (الأمريكية) حيث أضيف بعض الصفات الجديدة مثل اجتماعي مرح، سطحي، وبسيط.

كذلك أثبتت الدراسة المستفيضة التي قام بها بوشانان وكانتريل Buchanan and Cantril أن الصداقة بين أمة وأخرى (أي السلوك الذي يمكن

تعميمه على الطرف الآخر) تعتمد على بعض العوامل مثل (أ) موقف الأمة من القطبين الكبيرين، أمريكا والاتحاد السوفيتي، (ب) علاقة الامة بالأمم الأخرى التي سبق أن عمم عليها بعض أنواع السلوك، (ج) وجود أو عدم وجود حدود مشتركة، (د) تشابه أو اختلاف اللغة المستخدمة، (هـ) الموقف الحيادي للامة أثناء الحروب. كل ذلك يعني أن التحالف السياسي يعتبر أحد محددات التعميم.

ولنتناول أنفسنا عن ما هي معتقداتنا عن الشعب الأمريكي قبل حرب السادس من اكتوبر؟ وما هي معتقداتنا الآن بعد الحرب، وبعد زيارة الرئيس يتشارد نيكسون ووزير خارجيته هنري كيسينجر لمصر.

يرجع كامبل Gampbell عملية التعميم ليس فقط إلى خصائص الطائفة التي عمل التعميم عنها، بل وإلى خصائص الطائفة التي قامت بالتعميم أيضاً. فعلى سبيل المثال إذا افترضنا أن متوسط عدد مرات غسل الأيدي في العالم كله خمس مرات، وكان متوسط عدد المرات في مجتمع (أ) خمسة عشرة مرة وفي مجتمع (ب) عشرة مرات وفي مجتمع (ج) خمسة مرات، فإن افراد مجتمع (أ) قد يكون عندهم كل الحق إذا وصفوا أفراد مجتمع (ب) بأنهم مجتمع قذر (تعميم) وذلك لأن أفراد المجتمع الأخير يغسلون أيديهم بمعدل يساوي ثلثي عدد مرات غسيل الايدي في المجتمع الأول. أضف إلى ذلك أن متوسط عدد مرات غسل الأيدي في العالم غير معروف لأفراد مجتمع (أ) ومن الناحية الاخرى، فإنه إذا أخذنا في الاعتبار المتوسط العالمي لا تضح لنا أن مجتمع (ب) مجتمع نظيف وليس قذر، وأن مجتمع (أ) أكثر من نظيف من ذلك يتضح أن التعميم الصادر من مجتمع (أ) عن مجتمع (ب) هو انعكاس لخصائص الول وليس لخصائص الثاني.

غالباً ما يؤدي التعميم إلى اصدار أحكام فقيرة وغير دقيقة عن الآخرين لعدة أسباب أهمها:

1. ينطوي العتميم على عنصر "المطلق" absolutism في إصدار الحكم فإذا قيل أن طائفة ما تميزها خصاية معينة، فأننا نفترض توافر هذه الخاصية في كل فرد ينتمي إليها. أضف إلى ذلك أن الفرد عادة لا يدري أنه يقوم فعلاً بعملية تشويه للحقائق distortion حتى يبدو الطرف الآخر كما يريده هو أن يكون.
2. هناك ميلا طبيعيا إلى رؤية أوجه التشابه ولبس أوجه الاختلاف بين افراد الطائفة الواحدة وإلى رؤية أوجه اختلاف وليس أوجه التشابه بين طائفة وأخرى. وهذا يدعو إلى التعميم بالقول أن هناك تجانسا بين أفراد طائفتنا، وأن هناك تنافرا بيننا وبين الطائفة أو الطوائف الأخرى.
3. قد تقوم عملية التعميم على بعض الأسباب غير الدقيقة أو الخاطئة فهناك الميل نحو الحاق بعض الخصائص ببعض الجنسيات وفقا للمدين أو العنصر أو مستوى التعليم... إلى آخر. فقد تصدر حكمنا على أحد السائحين بأنه غنى إذا عرفنا أنه أمريكي الجنسية، وعلى آخر بأنه معدوم إذا علمنا أنه روسي الجنسية.
4. يتوقف التعميم أيضاً على طبيعة العلاقة بين طائفة واخرى. ومثل هذا التعميم يصبح سلبيا إذا كان الشعور السائد بين الطائفتين شعورا عدائياً، والعكس صحيح إذا كان الشعور السائد هو شعور الاخاء والمحبة فالصراع عادة ما يؤدي إلى الشعور بالعدوان، الذي يؤدي بدوره إلى التعميم السلبي.

نشأة المكون الشعوري:

قلنا في حديثنا السابق عن نشأة المكون الفكري أن الفرد يكتسب مفاهيم من الطبقة الأولى (فرعية) والتي رمزنا إليها بالحرف (S_1) مثل البشرة السوداء، الشفاه الغليظة، والشعر المجعد، وأن هذه المفاهيم الفرعية تتفاعل مع بعضها مكونة مفهوما من الطبقة الثانية (متكامل أو نهائي) وهو مفهوم "الرجل الاسود" والذي رمزنا إليه بالحرف (S). إلا أنه حتى الآن لم تتكون أية اتجاهات بعد. وحتى تتكون هذه الاتجاهات فإنه يجب أن يرتبط المفهوم بمعنى محدد. وعلى ذلك فإن المكون

الشعوري هو التفسير الذي نعطيه للمفهوم ذاته. فإذا قلنا أن الرجل الاسود (مفهوم) انسان سيئ (شعور) لاصبح عندنا ما يمكن تسميته باتجاهات سلبية، وإذا قلنا أنه إنسان ممتاز لاصبح عندنا اتجاهات ايجابية يعني ذلك أن المثيرات التي رمزنا إليها بالحرف (S) تقوم باستخلاص المفهوم، كما أنها تقوم باستخلاص استجابة تقييمية Evaluative Response، أي معنى له. وحيث أن هناك مجموعات من المثيرات، وبالتالي عدداً من المفاهيم الفرعية (بشرة سوداء، شعر مجعد، شفاه غليظة)، فإن المعنى (أي الشعور) الذي يرتبط بالمفهوم النهائي (الرجل الأسود) هو عبارة عن حاصل جمع جميع الاستجابات التقييمية المشار إليها.

ومما يجب ملاحظته أن هناك اختلافاً من حيث درجة تأثير أو قوة كل استجابة تقييمية على المكون الشعوري. فيمكن القول مثلاً ان البشرة السوداء (كمفهوم فرعي) قد تكون ذا تأثير أكبر على المفهوم النهائي بالمقارنة بباقي المفاهيم الفرعية الأخرى مثل الشفاء الغليظة أو الشعر المجعد. وبالتالي فإن الاستجابة التقييمية التي تصاحب المفهوم الفرعي "البشرة السوداء" تؤثر تأثيراً أكبر في الشعور الذي يرتبط بالمفهوم النهائي. ويوضح الشكل رقم (7) النموذج الكامل لنشأة الاتجاهات متضمنة كل من المكون الفكري والمكون الشعوري.

شكل رقم (7)

نموذج نشأة الاتجاهات

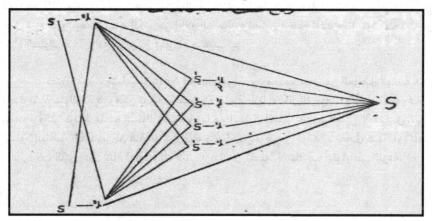

S: المثيرات المتعلقة بالشيء موضوع الاتجاهات (الظلال المختلفة من لون البشرة، الاحجام المختلفة من الشفاه الغليظة، ودرجات مختلفة من الشعر المجعد).

r_1: استجابة وسيطة من الطبقة الأولى (بسيطة).

S_1: مفهوما من الطبقة الثانية (فرعي).

re: استجابة تقييمية أو معنى لكل مفهوم فرعي.

ra: استجابة وسيطة من الطبقة الثانية (مركبة).

S: المفهوم النهائي، أو المتكامل (الرجل الاسود).

S: المعنى المرتبط بالمفهوم النهائي، أي الاتجاهات.

نشأة مكون الميل السلوكي:

سبق أن أشرنا إلى أن هناك فوارق بين الميل السلوكي والسلوك الفعلي، على أن ذلك لا يعني انهما مختلفان تماما. بل على النقيض من ذلك فهناك ارتباط وثيق بينهما، فالشخص الذي يرغب في عمل شيء ما ولا يعمله تنتابه الكثير من الآلام النفسية، والعكس صحيح لذلك فاننا سوف نتحدث عن نشأة السلوك بصفة عامة سواء كان فعلي أم مرغوب فيه.

تعتبر القيم الاجتماعية Social Norms التي تسود مجتمع معين من العوامل الهامة التي تجدد نشأة سلوك الفرد. ويمكن تعريف القيم الاجتماعية بأنها الأفكار التي يعتنقها أفراد المجموعة أو المجتمع والتي ترتبط بما هو السلوك الصواب وما هو السلوك الخطأ، عادة ما يملى الآباء عن الابناء السلولا الواجب اتباعه، بل أن التفاعل بين الآباء والابناء لا يخرج عن كونه "لا تفعل هذا" أو "افعل ذلك" فالأب الذي يقول لابنه "أفعل ذلك لأنني أريدك أن تفعله" لا شك أب أوتوقراطي النزعة،

وفي ذلك تفسير لسلوكه. وهنا الأب الذي يدخل في مناقشات فكرية مع أبنه ليشرح له لماذا يطلب منه أن يسلك بهذه الطريقة كان يقول "لا نلعب مع هذا الولد بالذات لأنه مريض وستصاب بالعدوى منه ولن تستطيع اللعب على الاطلاق لفترة طويلة وأخيراً فهناك الأب الـذي يقول لابنه "لا تفعل هذا لأن الناس سوف تتحدث عنك"، وهذا هو الأب الذي يعتمد على القيم الاجتماعية السائدة كمحدد لسلوك ابنه. أي أن هذا التفسير يعني أن الطفل واع بما يعتبره أفراد المجتمع صواب ومـا يعتبرونه خطأ، وأن دور الأب هو أن يذكر الابن بذلك.

هناك أنواع مختلفة من القيم الاجتماعية التي تسود أي مجتمع، ففي حين نجد أن بعضهما قاطع ولا يمكن الخروج عليه مثل جريمة القتل، نجد أن البعض الآخر غامض ويسمح للفرد بالانحراف عنه. لذلك فإن بعضها قد يثير الكثير من الانفعالات المشحونة بالغضب مثل الـزواج مـن عائلـة غير صديقة، في حين أن البعض الآخر قد يثير القليل منها مثال ذلك ابداء الاعجاب بآراء شخص معارض.

هناك الكثير من الدلائل التي تثبت أن الجماعات المنتمية إلى ثقافات مختلفة تحدد لنفسها قيما فيما يتعلق بماهية السلوك الواجب اتباعه مع الجماعات الأخرى. ففي الدراسات التي قام تريانـدس وتريانـدس بمراجعتها تبين أن الأمريكيون يرفضون الآخرين لأسباب عنصرية، كما أن اليونانيون يرفضون الآخرين لأسباب دينية، كما أن الألمان واليابانيون يرفضون الآخرين لأسباب عنصرية ولأسباب طبقية وبالإضافة إلى ذلك، فإن القيم الاجتماعية داخل المجتمع الواحد لا تقلع جميعها علـى نفس المستوى من حيث درجة الأهمية، بل تتدرج من أعلى (أكثر اهميـة) إلى اسـفل (أقل أهميـة)، وهذا يعني أن أية جماعة قد تقبل أفراد جماعة أخرى على مستوى معين مثل مستوى علاقات العمل أو مستوى الصداقة ولكن ليس على مستوى التزاوج.

أن الظروف الاقتصادية التي من شأنها خلق الطبقية بين أفراد المجتمع الواحد وبالتالي اعطاء بعض الميزات لطبقة دون أخرى تفسر لماذا تعتنق كل جماعة

بعض القيم المتعلقة بالسلوك الواجب اتباعه حيال الجماعات الأخرى. وبالتالي فإن الحفاظ على هذه الميزات يعتبر مبررا قويا لضرورة العمل على الفصل بين طبقة وأخرى وحتى أن تلاشت الفروق الاقتصادية فقد يكون الفصل بين الطبقات مرجعة التقاليد الخاصة بضرورة الابتعاد الاجتماعي Sacial Diatance عن الطبقة الأقل في المستوى.

عندما تشعر احدى الجماعات بأن هناك تمييزاً عنصرياً ضدها، فإن رد الفعل لديها يأخذ أشكالاً عدة مثل كره الذات أو عدم الاكتراث أو أثبات الذات. فقد اثبتت الكثير من الدراسات أن الرجل الأسود في الولايات المتحدة يشعر بالقليل من احترام الذات وأن البعض منهم يشعر بعدم الاكتراث وانعدم الدافع على التنمية الذاتية، في حين أن البعض بدأ يشق طريقة نحو اثبات ذاته، وذلك بالانضمام لاحدى المنظمات المعروفة باسم "حركة القوة السوداء" أما الجماعات أو القوميات التي تتوافر لها الخصائص الحضارية القوية التي تمكنها من التوحد والانفصال عن باقي الجماعات أو الوميات الأخرى، كيهود الولايات المتحدة الأمريكية مثلاً، فأنها تعمل جاهدة على اثبات ذاتها، بالرغم من كرههم لذاتهم لكونهم يهود.

ولا شك أن ردود الفعل هذه المشار إليها من شأنها خلق قيم اجتماعية عن السلوك الواجب اتباعه حيال الآخرين والذي قد يأخذ صوراً عدة مثل الانتقام، وتجنب العلاقات الاجتماعية وما إلى ذلك.

الشخصية والاتجاهات:

ركزنا فيما سبق على نشأة كل مكون من مكونات الاتجاهات على حده وفقاً للتعريف الذي أوردناه. إلا أن ذلك لا يعني أن هذه المكونات منفصلة عن بعضها البعض. بل على النقيض من ذلك، فإنها ترتبط ببعضها ارتباطاً وثيقاً، وأن اختلفت معدلات نمو كل منها في المراحل الزمنية المختلفة. فقد اثبت هوروتز

Horowitz في دراسته المتعلقة بتطور المكون الشعوري والمكون السلوكي والعلاقة بينهما من ناحية والتحيز من ناحية أخرى لعدد من الأطفال ما بين الرابعة والعاشرة أن المكون الشعوري ينمو بمعدل أسرع من المكون السلوكي في المراحل الأولى من الطفولة، إلا أن هذه الفجوة تتلاشى ويصبح هناك اتساقا واضحاً بين مكونات الاتجاهات بمرور الوقت، كما هو واضح في الشكل رقم (8) وعلى ذلك فإننا سنقوم الآن باستعراض سريع لبضع خصائص الشخصية لمرعفة مدى تأثيرها على الاتجاهات كوحدة واحدة، أي دون الفصل بين مكوناتها المختلفة، حيث أن هذا التأثير يمتد إلى جميع هذه المكونات بصورة أو بأخرى.

شكل رقم (8)

العلاقة بين مكونات الاتجاهات والتميزة

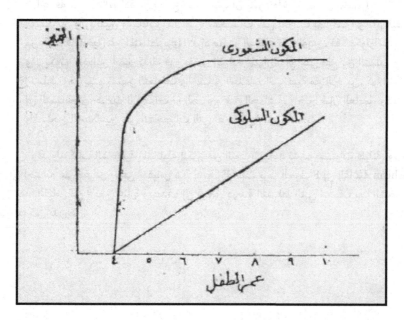

1. التسلط: أن أحد العوامل الأساسية التي تؤثر على شخصية أي فرد، وبالتالي على اتجاهاته، هي طريقة نشأته، أي تربيته، منذ الصغر. وقد تعرض أدورنو Adoron وزملائه لهذا الموضوع في كتابهم المعروف باسم "الشخصية

المتسلطة ويمكن تلخيص الفكرة الأساسية التي وردت في هذا الكتاب في الآتي؛ "أن الأطفال الذين ينشأون في منزل يتسم بوجود أب صارم يقوم بعقابهم عقابا جسمانيا أو بتهديدهم حيث يكون الأب هو السلطة العليا في العائلة التي يخافها الجميع، تتكون لديهم شخصية من نوع معين تسمى الشخصية المتسلطة Authoritarian Personaltiy. يميل الشخص المتسلط إلى استخدام أسلوب فكري معين في حياته، فهو يتجنب التعمق والتفكير والمضاربة والخيال الجامح، ويؤمن بالقوى الخفية التي تحدد مصير وقدر كل إنسان. كما أنه يتصف باتجاهات محددة، فهو يقبل الأفراد مصدر السلطة داخل الجماعة التي ينتمي إليها دون مناقشة أو تشكك، وذلك بالإضافة إلى رغبته في وجود قيادة قوية داخلها. وهو يدين أيضاً بالولاء والاحترام للسلطة، ويتوقع أ، يفعل الجميع ذلك، وخاصة الأطفال. كذلك فهو يوافق تماما على استخدام أقسى أنواع العقاب مع جميع المنحرفين. وهو ينظر أيضاً إلى العلاقات الإنسانية على انها علاقة طرفاها السيادة والخضوع (فرد يجب أن يسود وآخر يجب أن يخضع) وأخير فإن العسكريين والرياضيين وأصحاب المال هي الشخصيات التي يعجب بها كثيرا وعلى النقيض من ذلك، فالشخص غير المتسلط يرى الأفراد مصدر السلطة من زاويتين، فقد يكونوا على حق وقد يكونوا مخطئين أيضاً. كذلك فهو يفضل القيادة المتوازنة، أي التي تقع بين التسلط وعدم التسلط. وهو يهتم بعنصر التعاطف والحب في العلاقات الشخصية مع الآخرين، كما أنه يميل إلى التسامح في حالات الانحراف أو الخروج عن الجماعة. وأخيراً فإن العلماء والفنانين والمصلحين الاجتماعيين هي الشخصيات التي يعجب بها كثيراً".

وقد ولد كتات الشخصية المتسلطة الكثير من البحوث بعد نشره بسنوات قليلة. ويرجع ذلك إلى احتوائه على مقياس يدعى "مقياس ف" F. Scal حيث يرمز الحرف F إلى الفاشية Faschism يتكون هذا القياس من أربعين عبارة ويهدف إلى قياس درجة التسلط التي تتصف بها الشخصية، والتي تنعكس بدورها

على اتجاهاته. ويحتوي الجدول رقم (3) على سبعة عبارات فقط من هذا المقياس بهدف أن يتعرف الفارئ على طبيعته.

ويضيف هارفي Harvay وزملاؤه إلى ذلك بالقول أن العلاقة بين نوع الشخصية وطريقة نشأة الفرد يمكن تصورها كما في الشكل رقم (9)، حيث ينظر إلى طريقة تربية الطفل من خلال زاويتين (أ) الاثابة والعقاب بطريقة مستمرة أو متقطعة، (ب) التفسير الذي قد لا يعطي حين توقيع العقاب. يبين هذا الشكل أربعة انماط من الشخصية، حيث يمثل (أ)، (ب) انماط الشخصية المتسلطة و(ج)، (د) انماط الشخصية غير المتسلطة. وتفسير ذلك انه حينما لا يقوم الأب بتقديم أي تفسير لابنه عن سلوكه (الأب) فإن الابن يصبح أكير ميلا إلى أن ينصاع لأوامره، وبالتالي للأفراد مصدر السلطة بصفة عامة. أما إذا قام الأب بتقديم تفسير لمسلكه تجاه ابنه، فإنه يدفعه (الابن) إلى تفهم العالم الذي يحيط به أو محاولة فهمه، وبالتالي يصبح الابن أكثر ميلاً إلى الانصياع إلى الموقف بأبعاده المختلفة (المشاكل والأفراد ... إلى آخره). وليس إلى الأفراد مصدر السلطة.

شكل رقم (9)

العلاقة بين نشأة الطفل وشخصيته الاثابة أو العقاب

		بصورة مستمرة	بصورة متقطعة
العقاب	بدون إعطاء تفسير	أ. (متسلط)	ب. (متسلط نسبيا)
	مع إعطاء تفسير	ج. (غير متسلط نسبيا)	د. (غير متسلط)

جدول رقم (3)

بعض عناصر مقياس ف F, Seale

تعليمات: يهمنا معرفة رأيك الشخصي فيما يتعلق ببعض العبارات التي تختلف آراء الناس عليها. ضع علامة (×) أمام كل عبارة وأسفل المقياس الذي يصف رأيك بدقة أكثر من غيره لاتترك أي عبارة دون استجابة						
العبارات	أوافق			لا أوافق		
	+3 بشدة	+2 بدرجة	+1 قليلاً	-1 قليلاً	-2 بدرجة متوسطة	-3 بشدة
1. يجب معاقبة كل من أهان شرفنا دائماً. 2. أن الشخصي السيء الاخلاق والعادات لا يجب أن يتوقع أن في امكانه التفاعل مع الآخرين ذوي الاخلاق الحميدة. 3. أن إطاعة السلطة واحترامها هي أم المور التي يجب على كل طفل تعلمها. 4. لا يمكن لشخص عاقل وطبيعة ومؤدب أن يفكر						

						اطلاقا في أن تؤذي قريب أو صديق.
						5. للعلم مكانته، إلا أن هناك الكثير من لاشياء التي يستحيل على العقل البشرى فهمها.
						6. إن ما يحتاجه الصغار أكثر من أي شيء آخر هو النظام الصارم والتصميم والعزم القوي للعمل وللدفاع عن العائلة والوطن.
						7. في رأيي أن حب الوطن والولاء له هي أهم متطلبات المواطن الصالح.

اجمع جميع الدرجات التي حصلت عليها، وستجد أن الحد الاقصى هو 21+ في حين أن الحد الأدنى هو – 21 درجة. فإذا كان مجمع درجاتك الكلية أكبر من – 5 فأنت تعتبر عال على هذا المقياس نسبياً، أي أنك تميل إلى التسلط لا تنزعج إذا كان عدد درجاتك أكثر مـن – 5 أو أقل منها فإن هـذا المجموع الكلي قد لا يكون له أية دلالة نظراً لاحتواء الجدول على سبعة عبارات فقط من أربعين.

2. أدوات الرقابة: تتصف بعض الشخصيات بالرقابة الذاتية، أي القدرة على التحكم في السلوك وتوجيهه وفقاً للمعايير الرقابية التي يحددها الفرد بنفسه ولنفسه أما تلك الشخصيات التي تقع تحت تأثير الرقابة الخارجية فهي تلك التي تقم وزنا كبيراً للقيم التي تسود الجماعات التي تنتمي إليها. وبالتالي فإن اتجاهات الفرد لا شك تتحدد، جزئياً، بنوع الادوات الرقابية التي تتصف بها شخصيته.
3. مفهوم البشر: تنمو الشخصيات على مفاهيم مختلفة عن البشر ففي حين يؤمن البعض بأن الناس اخيار، نجد أن البعض الآخر يؤمن بأنه اشرار فكلما كان المفهوم الذي تبلوره الشخصية عن الآخرين مفهوما ايجابياً، فإن هذه الشخصية تصبح أكثر ميلا إلى التفاوض في حل المشاكل مع الغير بدلا من الصراع معها، بل ومساعدتهم أيضاً، أي انها تكتسب اتجاهات ايجابية، والعكس صحيح.
4. الشعور بعدم الامان: تعني هذه الخاصية عدم القدرة على مواجهة المواقف الغامضة. إن الاصابة بهذا الشعور ترجع إلى العقاب الذي يقع على الفرد من والديه في المراحل الأولى من حياته. كذلك فإ، فقدان المكانة Status قد يؤدي إلى الاحساس بهذا الشعور أيضاً، فالشخص الذي ينتمي إلى عائلة ارستقراطية ولم يستطع أن يجد عملاً يتمشى مع الطبقة التي ينتمي اليها عادة ما تكون اتجاهاته سلبية حيال عمله، بعكس اولئل الذين ينتمون إلى نفس الطبقة (طبقة غير ارستقراطية) كذلك لا يرجع الاحساس بعدم الامان إلى فقدان المكانة فقط بل إلى اكتسباها أيضاً فالفرد الذي يطرأ أي تحسن على مكانته يصبح غير متأكداً من الطريقة التي يجب عليه أن يتبعها في علاقاته مع الاخرين وما هي أحسن الطرق للمحافظة على مكانته الجديدة. وعلى ذلك فإن المكانة وحدها لا تسبب الشعور بعدم الامان ولكنه التغير الذي يطرأ عليها.
5. السن: عادة ما يرتبط السن المتقدم بعدم القدرة على التكيف مع المجتمع الجديد. وهناك بعض الدلائل التي تثير إلى وجود ارتباط بين كبر السن من ناحية ووجود اتجاهات محافظة من ناحية أخرى.

قياس الاتجاهات:

هناك ثلاثة أشياء يجب أخذها في الاعتبار حين قياس الاتجاهات وهي:

1. الموضوعات التي يتم عمل دراسة الاتجاهات عنها Attitude objects وتتشعب هـذه الموضوعات لتشمل تقريباً أي شي، فقد تكون أنواعاً معينة من الأفراد أو المجموعات، المـسائل السياسية أو الدينيـة أو الاقتـصادية، السـينما، المـسرح، والراديـو والتليفزيـون، التعـليم ... إلى آخره.

2. الاستجابات: ونعني بذلك الطرق المختلفـة المـستخدمة في الحصول عـلى الاستجابات عـن الموضوع موضع الدراسة.

3. الأفراد: ويقصد بذلك الأفراد الذين يراد قياس اتجاهاتهم حيـال موضـوع مـا، والـذي يطلـق عليهم Subjects وعادة ما يرمز اليهم في الكتابات بالاحرف s_2.

هذا وسوف نتوخي الايجاز الـشديد في عرضنا لموضوع القياس، حتى لا تتـشعب الكتابـة وتخرجنا عن هدفنا الأساسي، إذ أن قياس الاتجاهات يحتاج إلى كتاب في حد ذاته.

قياس المكون الفكري:

طريقـة استخلاص العلاقـات المتداعيـة Eliciting Associations Mothod تهـدف هـذه الطريقة إلى دراسة المكون الفكري للفرد وذلك من خلال استخلاص وفهـم العلاقـات التي يـستحدثها الرد عن الشيء موضع الدراسة. فإذا اردنا مثلاً قياس المكون الفكري لمجموعـة مـن الأفـراد موضـوع محدد نظام التعليم الجامعي في مصر فإنه يمكن اعطائهم قائمة تحتوي على عـدد كـاف مـن العلاقـات المحتملة، ويطلب من كل منهم وضع علامة أمام كل كلمة يـرى أن بينهـا وبين موضوع الدراسـة أيـة علاقة. ومثل هذه القائمة تعتبر موجهة Controlled إذ انها تحصر الفرد في اطار ما هو وارد بها فقط.

نظام التعليم الجامعي
كفء:
قاصر:
عمل:
اشتراكي:
:
:
إلى آخره.

1. **التنشئة الاجتماعية التنظيمية: (عملية الالتحام) أو الانضمام:**

ضع نصب عينيك ماضيك الوظيفي:

س: هل يمكن أن تصف مشاعرك وردود أفعالك خلال الفترة الأولى في أي عمل أو وظيفة التحقت بها؟

غالباً ما ستكون فترة غير مريحة لأن البيئة الوظيفية للعمل الجديد مختلفة عن سابقتها ولأن معظم إن لم يكن كل المحيطين بك أغراب.

ويجب عليك البدء في عملية الإقدام والتعرف عليهم.

بالإضافة إلى أن العمل نفسه غالباً ما قد يكون مختلف عن سابقة يحتاج منك تعلم إجراءات وسيارات وسياسات جديدة حتى يمكنك أن تؤديه بمهارة كافية.

تعريف التنشئة الاجتماعية التنظيمية Organiztional Socialization:

هي العملية التي يتم فيها تحل الأفراد من أطراف خارجية عن المنظمة إلى اعضاء فعالين فيها.

ويمكننا القول أن العمل أو المهنة هو سلسلة من الخبرات الاجتماعية كلما انتقل الفرد من منظمة إلى أخرى أو من موقع إلى آخر داخل المنظمة نفسها.

لذلك فإن طبيعة المنظمة هام لفهم طبيعة العمل فيها والآن:

س1: ماذا يحدث خلال عملية التنشئة الاجتماعية التنظيمية؟

س2: ما الذي يمكن أن تفعله المنظمة حتى تتم هذه العملية بشكل أكثر فعالية؟

مراحل عملية التنشئة الاجتماعية التنظيمية:

من الواضح أن مراحل هذه العملية متصلة ببعضها البعض وتبدأ حتى قبل الالتحاق بالعمل ويمكننا تقسيمها إلى ثلاث مراحل رئيسية:

1. **مرحلة الدخول في المنظمة Getting in:**

س1: هل تستطيع تحديد شركة تريد أن تعمل فيها في المستقبل؟

س2: لماذا تحب أن تعمل في هذه الشركة بالتحديد؟

س3: ما الذي تعرفه عن هذه الشركة وجعلها اختيار جيد بالنسبة للك؟

إذا أمكنك الإجابة على هذه الأسئلة هذا يعني أنك تعرف بعض المعلومات حتى وإن كانت قليلة قبل أن تعمل فيها.

بعبارة أخرى غالباً ما يحاول الفرد وضع بعض التوقعات والتصورات عما تكون عليه المنظمة حتى قبل العمل فيها، ويمكنا أن نطلق على هذه المرحلة (مرحلة ما قبل التحول).

هذه التوقعات والتصورات تم بنائها عن طريق الحصول على بعض المعلومات من مصادر مختلفة:

1. كالأصدقاء والأقارب الذين يعلمون فيها.
2. المجلات والمطبوعات المتخصصة.
3. المقالات التي تنشر عن المنظمة أو أي مصادر أخرى.

وبالرغم من أن هذه المعلومات قد تكون بعيدة عن الحقيقة، وأحيانا ترسم صورة وردية للمنظمة فإنها ما تزال مفيدة في رسم تصور مبدئي عما قد يكون عليه العمل في المنظمة.

مصدر آخر للمعلومات قد يكون المنظمة نفسها، عن طريق القائم بالتعيين والمقابلات الشخصية.

فالقائم بالتعيين قد يصف الشركة بكلمات تعلق بالأسماع متحاشياً المشاكل سواء خارجية أو داخلية، ومؤكداً على مميزات المنظمة. وبالتالي يتكون لدى الفرد انطباع إيجابي غير واقعي عن ظروف المنظمة وعندما يتم التحاق الفرد بالوظيفة ولا يتقابل كل من توقعاته وواقعة تكون النتيجة الطبيعية هي الشعور بالإحباط وعدم الرضا.

وبالفعل أظهرت الدراسات أنه كلما كان الفرد يتوقع صورة وردية للمنظمة كلما كان غير راضي بعد ذلك.

ولتفادي ذلك يجب على المنظمة إعطاء المتقدم لشغل أي وظيفة بها معلومات دقيقة عن المنظمة، وعن الوظيفة والظروف التي سيعمل فيها.

وبذلك تكون توقعات الفرد عن ظروف العمل والمنظمة أكثر واقعية، بالتالي لا يصاب بالإحباط وعدم الرضا، وتكون بداية جيدة للدخول في المرحلة للثانية للتنشئة الاجتماعية التنظيمية.

2. **التأقلم مع المنظمة: (مرحلة التكيف) Braking in:**

هذه المرحلة تبدأ عندما يبدأ الفرد بالفعل واجبات عمله الجديد، وخلال هذه المرحلة يبدأ في إيجاد حلول ومفاتيح عمل المهام الجديدة.

وخلال هذه المرحلة يجب أن يكون موجه لممارسة ومعرفة إجراءات منظمته الجديدة. بعبارة اخرى يجب أن يتعلم الثقافة والقيم والتصرفات السائدة والتوقعات لمستقبل منظمته.

وأيضاً يجب أن يقيم علاقات جيدة مع زملائه الجدد ويطلق على هذه المرحلة (مرحلة التكيف).

وأيضاً يجب أن يتعلم ما تتوقعه وتنتظره المنظمة منه وان يتعلق كيف أن يكون عضو مشارك وفعال في مجموعته (أو قسمه).

وبعض المنظمات تقوم بتصميم برامج توجيه رسمية ليتعلنم الموظفين الجدد رسمياً كل شيء عن منظمتهم، ليس فقط العمليات الحالية ولكن أيضاً تاريخ المنظمة والرسالة التي تحاول تقديمها وعاداتها وثقافتها وكل شيء عنها.

وبدون هذه البرامج الموجهة يكون من الصعب على الموظفين الجدد فهم ماهية المنظمة، وإن كان مع مرور الوقت يمكن للفرد تعلم أغلب ما يتم تعليمه في هذه البرامج بشكل غير رسمي، وربما بشكل أفضل من تلك البرامج التي تكون مكثفة في وقت قصير.

3. مرحلة الاستقرار: (مرحلة التحول) Setting in:

بعد أن يلتحق الفرد بالمنظمة ويصبح عضو مسئول فيها، أي بعد تثبيته وبعد انتهاء برامج التدريب والتوجيه أو انقضاء مدة الاختبار يمكن أن تقوم المنظمة بعمل عشاء جماعي أو مراسم رسمية لانتهاء هذه الفترة أو البرامج، فتكون بداية طيبة للالتحاق بالعمل. وفي حالات أخرى قد لا تكون هناك مراسم ولكن يحصل الموظف الجديد على شهادة موقعة أو ما شابه ذلك تفيد بقبوله في المنظمة، أو يكون القبول بشكل غير رسمي كدعوة على غذاء جماعي مثلاً ينظمه القسم أو المنظمة.

بأي شكل يكون هذا التعيين أو التثبيت بداية طيبة لمرحلة الاستقرار والتي تكون مهمة جداً بالنسبة للفرد ومنظمة.

2. النصح والإرشاد Mentoring:

تأمل 50 خريج تم تعينهم في مؤسسة كبرى في نفس الوظيفة (تقريباً) وفي نفس الوقت. وبعد عام واحد فقط، وجدنا بينهم اختلافات واضحة فبعضهم ترك المنظمة وبعضهم تراجع إلى المؤخرة والقليل منهم اصبحوا في المقدمة وإن كانو جميعاً تساووا في نقطة البداية.

س: ما الذي أدى إلى هذه الاختلافات؟

العديد من العوامل بالطبع لعبت دوراً عاماً ولكن أهمها هـو الإرشـاد والحمايـة. فالنصائح والاستشارات بالتأكيد تؤثر ايجابياً على تطور شخصية الفرد وبالتالي على مهنته.

فلو أن أي موظف جديد (مبتدى) وجد شخص أكبر سناً وخبرة منه يساعده ويرشـده يكون ذلك هو الأشراف الحقيقي.

وبالفعل أظهرت الدراسات أن وجود إرشاد في فترة مبكرة من حياة الفرد المهنية يكون مؤشر هام على النجاح في المستقبل.

والآن دعونا ننظر نظرة أكثر عمقاً لهذه العملية (الإشراف).

س: ما الذي يقوم المشرف بعمله؟

الأبحاث على طبيعة العلاقة بين المشرف والمبتدئ تفترض أن المشرف يقوم بعمل عـدد مـن الأشياء للمبتدئ الذي يشرف عليه:

1. الدعم المعنوي وإمدادهم بالثقة اللازمة للشعور بالأمان.
2. إمدادهم بالفرص والنقاط الإيجابية في المنافسة مع زملائهم.
3. جذب انتباه الإدارة العليا لهم.
4. اقتراح بعض الخطط والاستراتيجيات لتحقيق أهداف العمل.
5. وأخيراً حمايتهم من بعض الأخطاء وتجنيبهم بعض المواقف ذات التأثير السيء على مـستقبلهم المهني.

باختصار يقوم المشرف بعـدد مـن الأشياء التـي تـساعد المبتـدئ عـلى التقـدم إلى الأمـام في المستقبل الوظيفي.

وبالرغم من استفادة هذه العلاقة هناك ما يسمى (بعوامل الفروق الفرديـة) والتي تجعـل درجة الاستفادة مختلفة من مبتدئ إلى آخر.

فالفرد الذي تكون قدرته على ضبط النفس تمشياً مع متطلبات الظروف عالية والفرد ذو الرغبة الأقوى في تحقيق الذات يكون بالطبع أكثر استفادة.

ولأنه أصبح شخص أكثر نجاحاً ذلك المبتدئ الذي يحظى بمشرف جيد أصبح هناك منافسة بين المستجدين على المشرفين المتاحين.

وبالتالي يقوم المشرفون باختيار من يبدو عليهم انهم الأفضل، والفائز في هذه المنافسة قد لا يكونوا اصحاب المواهب رفيعة المستوى.

فأحياناً يفوز هؤلاء الأشخاص الماهرون في إدارة الطمو ـ ويبدون أفضل ممن الآخرين.

كيف تتشكل علاقة الأشراف وكيفة التغير؟

كما لاحظنا سابقاً أن علاقة الأشراف لا تتشكل عشوائياً ولكنها تكون نتيجة عملية اختيار معقدة يلعب كلاما دور افعلا فيها (المشرف والمبتدئ).

فالمشروفين لا يرغبوا في إضافة وقتهم وجهدهم هباءاً، لذلك فهم يبحثون عن هؤلاء المبتدئون المبشرين بالنجاح.

والمبتدئون أنفسهم يشتركون في عملية الاختيار، فهم يبحثون عن المشرفين ذوي الخبرة الكبيرة والسمعة الحسنة في المنظمة.

وبمجرد أن يعرفوهم يقومون بعمل علاقات حسنة معهم وأداء الأنشطة والأعمال والمتطلبات الرسمية التي تحظى برضا الرئيس (المشرف).

س: ماذا يحدث بعد أن تشكل علاقة الأشراف؟

هل تبقى كما هي دون تغير؟

الدراسات أكدت أن معظم علاقات الأشراف تمر بأربع مراحل:

1. **مرحلة البداية (التعرف) Initiation:**

قد تستمر من ستة أشهر إلى سنة. وهذه المرحلة تمثل الفترة مـا بـين بدايـة العلاقـة وحتـى تأخذ العلاقة اهميتها لكلا الطرفين.

2. **مرحلة الرعاية Cultivation:**

وقد تأخذ من سنتين إلى خمس سنوات وخلالها قد يحقق المبتـدئ تقـدم وظيفـي (مهنـي) سريع لما يتلاقاه من مساعدة.

3. **مرحلة الانفصال Seperation:**

وابتدأ عندما يسعر الفرد (المبتدئ) أنه حان الوقـت للاعتمـاد علـى نفسـه، أو عنـدما يرقـى المبتدئ إلى موقع جديد أو ينقل المشرف إلى مكان آخر.

أو ممكن أيضاً أن يحدث هذا الانفصال عنـدما يـشعر المـشرف بأنه أصبح غـير قـادر علـى الاستمرار في إرشاد ومعاونة المبتدئ.

وهذه الفترة قد تكون عصيبة ومتوترة في حالتين:

إذا كان المشرف رافض الاستقلال التـدريجي لمبتـدئ أو عنـدما يتوقـف عـن المـساعدة قبـل الأوان.

4. **مرحلة إعادة التعريف أو الصياغة Redefinition:**

إذا مرت المرحلة السابقة بنجاح تتطور علاقة الأشراف ويعـاد تعريفهـا أو صياغتها فتـصبح علاقة صداقة أكثر منها علاقة إشراف.

فيشعر المشرف تجاه تلميذه بالفخر.

ويشعر المبتدئ تجاه استاذه بالامتنان.

والجدير بالذكر أن العديد من الشركات لا تترك هذه الالعلاقة الهامة تتكون بمحض المصادفة.

ولكن تقوم بوضع برامج لتنظيمها ولترفع من درجة الاستفادة منها.

الرجل والمرأة وعلاقة الأشراف:

من الثابت في العلاقات الاجتماعية أن الأشخاص يميلون إلى إقامة علاقات كالصداقة وغيرها مع من يتماثلون أو يتشابهون معهم سواء في الخصائص أو الصفات أو المواقف والخلفية الثقافية ولكن:

س: هل هذا المبدأ ينطبق على علاقة الاشراف؟

بالدليل المتزايد والمستمر يثبت انه بالفعل ينطبق، ففي الولايات المتحدة تواجه النساء والأقليات (الإفريقية) بعض الصعوبات في الحصول على مشرف جيد أكثر من الرجال وخاصة البيض.

فأغلب المديرين من الرجال البيض وبالتالي تكون رغبتهم في إقامة علاقة أشراف تجاه مع من يتماثلون معهم.

بالإضافة إلى أن المرأة سجلت قابلية أقل من الرجل للعمل كمشرفة وذلك في إحصائية حديثة والسبب في ذلك يرجع إلى ان المرأة تضع اعتبارات ومخاوف عديدة من فشل المبتدئ الذي تكون له مشرفة.

بالإضافة إلى كثير من المشرفين الرجال يرفضون المرأة كمبتدئة خوفاً مـن أن تفهـم العلاقـة على أنها علاقة عاطفية.

مع الأهمية المتزايدة للإشراف خاصة في بداية حياة الفرد المهنية فأصبح مـن الـضروري عـلى الشركات أن تقلل من هذه العوائق وتزيد من فرض الإشراف بالنسبة للسناء والأقليات.

المهن: أشكال جديدة واستراتيجيات جديدة Careers: New Forms, New Strategies

أين تريد أن تعمل عندما تنهي دراستك؟

الإجابة ببساطة في إحدى الـشركات الكـبرى، وكـي تـصبح هـذه الإجابـة مستساغة يجب أن تعرف أن الشركات الكبرى تقدم الطريق الأكيـد للوصـول إلى القمـة في خطـوات متسلسلة تزيد مـن المسئوليات وبالتالي من العائد. ولكن الطلاب الحاصلين على درجة علميـة في الإدارة لهـم رأي مختلـف على سبيل المثال في عام 1989 70% من خريجي جامعة ساتنفورد الحاصلين على درجة علمية عليـا في الإدارة انضموا إلى شركات كبرى ولكن في عام 1994 انضم اقل من 50% حقيقية كهذه تعنى أن هنـاك تغير فيما يعتقده البعض عن مهنتهم، بمعنى أن الفرد فكرتـه تتغير عـن الوظيفـة عنـدما يلتحـق بهـا ويتدر ـ عليها ويرقى فيها. وخلال الفقرات الآتية سنقوم بالتركيز على بعض المفاهيم، منها النوع (رجل وامرأة) وتأثير العمل والخبرة.

1. كيف يختار الفرد وظيفته؟

س: ما هي العوامل التي تؤثر على قرار اختيار وظيفة معينة؟

1. أول هذه العوامل هي مدى ملانسة الشخصية للوظيفـة أو بمعنـى أخرى، إلى أي مـدى يـرى الشخص أن مواصفاته تتلائم مع متطلبات اداء الوظيفة.

فقد أكدت الدراسات أن معظم الأشخاص يميلون لاختيار اعمالهم حسب شخصياتهم، ومن ثم كلما تماثلت الشخصية مع متطلبات الوظيفة كلما زاد رضا الموظف عنها.

2. العامل الآخر المؤثر على اختيار الوظائف هو الاعتقادات راسخة في اذهان الناس عن مستقبل وظيفة معينة.

وعلى هذا الأساس يختار الإنسان الوظيفة التي لها مستقبل وظيفي لبق ومبشر، والتجنب التام للوظائف المعروفة بعكس ذلك.

وعلى سبيل المثال الحداد وسائق القطار، فهذه الوظائف ليس لها مستقبل وظيفي لذلك يسقطها الناس من الاعتبار حتى لو كان لهذه الوظيفة قبول شخصي.

أ. التخطيط الوظيفي:

لم يعد التدرج في السلم الوظيفي سمة للمهنة ولكن على العكس تماماً. فتتسم الوظائف الآن بالتنقلات المفاجئة وتغيير المواقع الجغرافية، وكذلك اكتساب الخبرة من اداء وظائف غير روتينية.

س: لماذا لجأت المنظمات لتغير طبيعة الوظائف؟

والإجابة هي:

تسعى المنظمات حالياً أن تحد من هيراركية الوظائف، وذلك كرد فعل للمنافسة العالمية التي تواجهها، والتي تتطلب تقليل عدد المديرين خاصة مديري الإدارة الوسطى حتى يمكنها تحديد أهدافها أكثر مع التركيز على مهمة المنظمة الأساسية ومزاياها التنافسية، وفي نفس الوقت تلجأ إلى إسناد الوظائف الثانوية إلى متخصصين من خارج المنظمة، وذلك بدلاً من الاحتفاظ بعدد كبير من الخبراء داخل المنظمة.

ب. أهداف المهنة وما يتطلع إليه الموظف:

في جميع الدول بخلاف اليابان لم يعد الفرد يستمر في وظيفة واحدة لفترة طويلة.

ولهذا أصبح شغل الموظف الشاغل وهمه الأكبر هو اكتساب خبرات ذات قيمة من كل وظيفة يشغلها حتى يزيد من قيمته في سوق العمالة.

وأصبح الموظف يعتبر عمله (الوظيفة الحالية التي يشغلها) هو فرصة لتطوير خبراته ومؤهلاته وبذلك تتسع فرص العمل بالنسبة له.

وأصبح أيضاً أول ما يتبادر لذهن الموظف هو ما يمكن أن يكتسبه من هذه الوظيفة؟ وكم من الوقت سيظل بها؟

ج. المسار الوظيفي:

عندما يعتبر الفرد وظيفته هي فرصة لبناء الكفاءات فأمامه أربع مسارات متاحة:

الأول: وقد سبق ذكره وهو التدرج الوظيفي حتى الوصول لدرجة خبير في وضع الاستراتيجيات وذلك هو الوضع بالنسبة لرئيس مجلس الإدارة وكذلك الرئيس التنفيذي وتتطلب هذه الوظيفة مؤهلات خاصة، مثل القدرة على اتخاذ القرارات والحكم الموضوعي، وأيضاً القدرة على التنبؤ بأحوال وتغيرات السوق وتكون مهمتهم الأساسية هي وضع الخطط والاستراتيجيات وكذلك مواجهة التحديات.

الثاني: ويشمل مديري المشاريع ويقومون بإدارة المشروعات الهامة، ويكون التركيز على استخدام الموارد المالية وكذلك الخبرات الفنية لتحقيق أهداف المشروع.

وتقدر أهميتهم بمدى الحجم الذي يمثله المشروع للمنظمة، ومثال على ذلك منظمة كرايسلو للسيارات حيث تعتمد على فرق عمل مستقلة عن الأقسام داخل المنظمة مثل الهندسة والتمويل والتسويق.

وتقييم الأشخاص القائمين بإدارة هذه الفرق يتم على أساس مدى نجاح السيارات التي يقوموا بتصميمها.

الثالث: في المنظمات الحديثة، المسار الثالث هو مزود الموارد Resource Provider: الأفراد القائمون بمد الإمدادات والمهارات اللازمة لمديري المشاريع حتى يتمكنوا من إتمام المهام بنجاح.

مثال: عندما ينشغل العاملون في المنظمة في أداء مهامهم يقوم قسم خاص بتدريب العاملين الجدد ورفع كفاءتهم.

الرابع: والأشخاص الذي يسلكون هذا المسار يقدمون الخبرات اللازمة للمنظمات، مثل الخبرات المالية، الكيمائية، الهندسية والتسويقية، ويكون وجودهم في المنظمة ليس فقط لأداء خدمة للموظفين ومساعدتهم ولكن أيضاً لاكتساب الخبرات والمهارات.

د. التنقل في الوظائف:

في بعض الأحيان يتعامل الموظف مع وظيفته على انها اكتساب للخبرات وعلى هذا الأساس يقرر استمراره أو تركه لهذه الوظيفة.

ويكن كيف يمكن للموظف استغلال وظيفته للحصول على مهارات مميزة؟

أوضحت الدراسات في هذه المجال بشكل محدد وقاطع أن التطبيق الحكيم لسياسة التنقل في العمل يفيد في هذا الصدد، كما أنه وجدت علاقة وثيقة بين

التنقل الوظيفي والإنتاج الاجمالي للموظفين. والخلاصة أنه على الموظف ألا يتردد في قبول فرصة التنقل في العمل إذا كانت جيدة.

س: ما هي العلامات الدالة على بداية تولد المشاكل في الوظيفة؟

س: كيف يمكن للشخص أن يدرك أن وظيفته ليست على المسار الصحيح لها؟

كان من السهل على الموظف سابقاً أن يدرك وضعه على المسار الوظيفي من خلال تدرجه في الهيكل الوظيفي.

فمثلاً يمكن ان يعرف أنه يبلى بلاءاً حسناً إذا كان يتمتع بترقيات متتابعة في أوقات معلومة مسبقاً وهو ما يصعب التنبؤ به الآن.

وينصح الخبراء في مجال المهن والوظائف بالتركزي على النقاط التالية:

- اسأل نفسك إذا كنت تتعلم بجدية، مع ملاحظة انه إذا لم يمكنك ذكر ما تعلمته في الستة أشهر الأخيرة أو ما يمكنك تعلمه في الستة أشهر القادمة، فعليك أن تدرك أو وظيفتك في مهب الريح.
- اسأل نفسك هل إذا طلب شخص لأداء وظيفتك، هل يمكن أن تكون انت هذا الشخص.

وإن كان لديك شكوك تجاه هذا السؤال فعليك ان تدرك أنك تفقد قدرتك على التعلم واكتساب المهارات.

- إذا اردكت أن تقييم الموظف يتم من خلال ما يقدمه للمنظمة من خدمات، وليس من خلال خبرته وأقدميته. فيجب عليك أن تحدد بدقة ما يتمثله للمنظمة.

- اسأل نفسك لو اختفت وظيفتك الحالية؟ مع أنك اكتسبت خبرات ومهارات، فتكون الإجابة أنك سوف تجد وظيفة أخرى على الأقل في مثل مستوى هذه الوظيفة إن لم يكن أفضل منها.

- إذا شعرت بأنك مستغل من قبل وظيفتك، أو بمعنى آخر يجب عليك أن تضحي بـسعادتك من أجل صالح الشركة.

فيجب عليك أن تسأل نفسك ما القيمة التي تضيفها لك هذه الوظيفة في مسارك المهني.

- وأخيراً كن حريصاً دائماً على وظيفتك.

المهنة وعلاقتها بالنوع Gender and Careers:

س: هل تختلف الخبرات الوظيفية للرجل عن النساء؟

بالرغم من التغيرات الكبيرة التي حدثت مؤخراً، إلا أن النساء والاقليات مازالوا يقعـوا تحـت وطأة التفرقة العنصرية في مجالات مختلفة، وعلى الرغم من الحد من هذه التفرقة العنـصرية إلا أنها ما زالت موجودة ومؤثرة.

والسؤال المطروح ها هو:

هل تختلف الخبرة المهنية للرجال عن النساء وإذا كانت الإجابة بنعم فلماذا؟

عمل الرجل والمرأة:

خبرات متضارة على طريق النجاح؟

تبدو الإجابة عن السؤال السابق قاطعة وصريحة إلا وهي: أن النساء يختلفن عن الرجال في الخبرات المهنية وذلك لأسباب عديدة. وهذا اتباين له أشكال مختلفة، ولكن ابرزها هو اختلاف اسلوب كل منهما للوصول إلى النجاح المنشود.

ولعل النقاط التالية توضح مواضع هذا التباين:

1. التدريب المستمر يـؤدي إلى التطور الإداري للرجال والنساء علـى حـد السـواء، ولكن هـذه الاستفادة تكون أكثر بالنسبة للرجال.

2. التعليم والخبرات العملية المكتسبة تزيد من فرص التدريب لكلاهما، ولكن الارتباط بين هـذه المتغيرات يكون أكثر بالنسبة للرجال.

3. وجود شريك حياة وكذلك اشخاص يعولهم الموظف يقلل من خبرة المرأة في العمل ويزيد مـن خبرة الرجل.

4. يزيد التقدم الإداري بالنسبة للمرأة عن الرجل من خلال تشجيع زملاء العمل والمحيطين.

والملاحظ هو انه بـالرغم مـن أن العوامـل المحيطـة تلعـب دور في النجـاح المهنـي للرجـال وكذلك النساء على حد سواء، إلا أن كيفية تأثير هذه العوامل يؤثر في تباين مهنة الرجل والمرأة بـشكل مختلف.

وقد أكدت الدراسات أن الفرصة المتاحـة للمـرأة كي تتطور أقـل مـن الرجـل، وذلك لعـدم تعرضها لوظائف مختلفـة والتـي مـن شـأنها زيادة مزايا الموظف، ويرجـع ذلك إلى تخويـل المـرأة مسئوليات أقل من الرجل.

من أهل اسباب عدم وصول المـرأة إلى القمـة مـا يـسمى بـ (الحـاجز الزجاجي) Glass Ceiling وهو الحد الأقصى لتطور المرأة المهني، ومع ذلك في الولايـات المتحـدة ارتفعـت نـسبة المـرأة كمديرة من 16% إلى 42% خلال الفترة من 1970 إلى 1991.

وقد اتخذ هذا التعريف شكل رسمي:

توجد حواجز صناعية معتمدة على التقاليد والأعراف أو على تحيز المنظمة مما يمنع اصحاب الكفاءات (النساء والاقليات) من التدرج في الوظائف المختلفة.

ومن أهم العوامل التي ساعدت على وجود هذا الحاجز هو ظن النساء في وجوده (معتقدات في وجوده) لذلك لا يقبلن على التقدم لهذه الوظائف لتأكدهم من النتائج مسبقاً،مما يؤكد على وجود هذا الحاجز حتى ولو لم يكن موجود. لذلك هناك ميل لتخويل المهام التي تحتاج مهارات أقل إلى النساء.

المرأة كموظفة تنفيذية واثر أزمات منتصف العمر عليها:

لأن بقاء الحال من المحال فقد تغير منظور المرأة للعمل بعد 1970 وأصبح العمل يمثل بالنسبة لها ضرورة.

والسيدات في جميع المناصب والمواقع يتعرض لأزمة منتصف العمر. وهي الإحساس بعدم الرضا.

وربما يرجع ذلك لإحساسهن بأن نجاحهن بني على أساسات وضعها الرجل مسبقاً، وقد ثبت ذلك بالتجارب الميدانية.

البعض الآخر من السيدات أقر أن من الصعب تحمل التكلفة المعنوية لهذاالنجاح. ومع ذلك يصعب تحديد ما إذا كان سيتغير هذا المفهوم في المستقبل أم لا.

وعند التطرق لهذه المشكلة، من ناحية أخرى مع الأخذ في الاعتبار أنشطة المرأة في المشروعات الجيدة والمبادرة، نجد أن المرأة تفضل البدء بمشروع جديد وتفضل النجاح على طريقتها الخاصة.

والآن يتعين علينا تحديد رد فعل الرجل تجاه أزمات منتصف العمر والذي وجد انه يختلـف تماماً على رد فعل المرأة، وذلك لتحمل الرجل مسئولية أكبر.

أما المرأة فعليها أن تختار ما بين خيارات متعددة بل والأكثر غرابة أن أزمـة منتـصف العمـر غير معترف بها في حياة الرجل، وأن رغبة الرجل في تغيير حياته ووظيفته تكون أقل من رغبـة المـرأة في ذلك.

الضغط (التوتر) العصبي Strees:

إن كان الإحساس بالغرق في العمل ومهامه قد راودك فإنك قد وقعـت تحـت تـوتر الـضغط العصبي.

التعريف السائد للضغط الصعبي هو حالـة مزاجيـة معقـدة يـشعر بهـا الفـرد، وتـؤثر علـى تصرفاته وتغير من طريقة تفكيره.

التوتر:

هو نتاج الوقوع تحت تأثير الضغط العصبي مما يؤدي إلى الحالة غير الطبيعية للإنسان.

يقع الإنسان تحت وطأة ضغط التوتر إذا احسن أن هذا الموقف يهدده، وأنه غير قادر علـى تحمل هذا التهديد. وكذلك إذا أحس أنه لن يستطيع السيطرة على هذا الموقف.

الضغط العصبي وأسبابه:

من العوامل التي يمكن ان تؤدي للتوتر العصبي هي الإحسان بالفشل في اداء مهمة معينـة ولكن للتسهيل يمكننا تقسيم هذه الأسباب إلى مجموعتين:

1. عوامل ترجع إلى المنظمة أو إلى طبيعة العمل.
2. عوامل ترجع إلى مؤثرات خارجية في حياة الفرد.

أولاً:

1. مجموعة العوامل الراجعة إلى المنظمة أو إلى طبيعة العمل:

تتفاوت درجة الضغط العصبي الراجع للبينة من عمل إلى بخر ويرجع هذا التفاوت إلى:

أ. متطلبات المهنة Occupational Demands:

تختلف الوظائف (مثل طبيب غرف الطوارئ - مدير الإنتاج - أستاذ الجامعة) في درجة الضغط الواقع تحتها الموظف، فلبعض هذه الوظائف خاصية ضغط زائد في العمل عن الأخرى وبعضها يتطلب اتخاذ قرارات المتابعة الدائمة للآلات والمعدات وكذلك التبادل المستمر للمعلومات، مع وجود عوامل مادية غير مرغوب فيها بالإضافة إلى أداء مهام غير محددة.

ب. الصراع على مفهومي العمل وعدم العمل:

Conflict Between Work and Nowork :

من الملاحظ في الآنوة الأخيرة تغير مفهوم عمل المرأة وكذلك الرجل، فأصبح الصراع قائم على المفاضلة بين تحمل المسئولية العائلة، وتحمل أعباء العمل مما يؤدي لتولد نوع من التوتر العصبي.

وقد قام العلماء بتجربة جديدة عن نتائج تدل على أن اداء الأعمال المنزلية والمتطلبات اليومية في المنزل يؤثر سلبيا على الحالة المزاجية للأشخاص، النتيجة الأكثر أهمية من ذلك هي أنه يمكن تقليل هذه الحالة من التوتر في ظل ظروف عمل أنسب، وسياسات عمل مرنة ومتفهمة لمختلف المجالات الاجتماعية.

ج.   **التوتر الناتج عن عدم التأكد والجهل بالدور ومتطلبات العمل الأساسية:**

Stress From Uncertainty :

من المعروف انه حتى لو يسبب ضغط المسئوليات والعمل توتر عصبي للموظف، فإنه يمكن أن يقع تحت ضغط التوتر بسبب الجهل بالعمل المطلوب لإنجاز مهمة معينة.

ولكن تأثير هذا النوع من التوتر العصبي يختلف تماماً من ثقافة لأخرى كما وجد كذلك أن الأفراد داخل المنظمة الذي يفضلون القيام بأداء الوظائف كأعضاء في فريق عمل يكون هذا التوتر عندهم منخفض.

د.   **التوتر الناتج عن عبء العمل الزائد أو قلة الأعمال المطوب القيام بها**

Overload and Underload

أنه لخطأ شائع الفهم أن الضغط المرتبط بالعمل هو ضغط ناتج من كثرة العمل وتحمل اعباء أكثر من الممكنة. ولكنه في الواقع هناك نوعين من العبء:

عبء عمل كمي: حيث يتعين على الموظف اداء اعمال كثيرة في وقت قصير.

عبء عمل كيفي: وهو عبء ناتج عن نقص في المهارات المطلوبة لأداء مهام معينة لدى الموظف.

وكلا العبئين غير مرغوب فيه وقد يؤديا لدرجة عالية من التوتر العصبي.

والوجه الآخر لأداء أعمال كثيرة هو أداء أعمال أقل من اللازم ما يؤدي إلى الملل وعدم الرضا عن العمل.

ه. التوتر العصبي الناتج عن تحمل مسئولية الآخرين:

Responsibility for Others:

أسفرت الدراسات أن الأشخاص المسئولين عن الآخرين، وعليهم التعامل معهم ومحاسبتهم سواء بالسلب (العقاب) أو بالإيجاب (الترقية) يقعون تحت تأثير التوتر العصبي أكثر من أي شخص يقوم بأعمال أخرى في المنظمة وغالباً ما يكون هذا الشخص هو المدير.

ويدرج ذلك تحت سببين رئيسين:

1. أن المدير هو المسئول عن نقل التعبير عن اداء المنظمة وقراراتها وسياساتها للإدارة العليا.
2. أيضاً أن عملهم الأساسي هو التعامل مع الاحتكاكات والخلافات الموجودة في أي مجتمع فيه أفراد يعملون سوياً، ومنها الاستماع إلى الشكاوي والفصل في هذه الخلافات.

و. نقص الدعم الاجتماعي Lack of Social Support:

أثبتت الدراسات أنه يمكن للأفراد أن يبلوا بلاءاً حسناً في مواجهة المشاكل إذا وجدوا وسط الأهل والأصدقاء لتقديم الدعم اللازم وتبادل الرأي والمشورة حيث سجل المديريون >و الصداقات الواسعة والعلاقات الطيبة أقل نسبة من الأعراض المادية الواضحة للتوتر.

ز. ظروف العمل غير الملائمة وما يترتب عليها من توتر عصبي:

في أغلب الأحوال يتميز العمل بظروف صحيحة عامة آمنة ومربحة إلى حد ما. وذلك بناءاً على قوانين العمل المعمول بها في جميع أنحاء العالم. ولكنه لا يوجد مقياس محدد لهذه الظروف.

2. الأسباب الخارجية المؤدية للتوتر العصبي:

من المعروف أن العمل رغم أنه يمثل جزء هام من حياة الأفراد إلا أنه ليس النشاط الوحيد في حياة الأفراد. ولذلك تؤثر الأنشطة الأخرى التي تقع خارج نطاق العمل على حالة الأفراد المزاجيـة داخل المنظمة.

أ. أحداث الحياة المختلفة:

مثل وفاة شريك الحياة، الطلاق، توتر الموقف المالي الخاص بـالموظف أو المعانـاة مـن مـرض معين، وإلى آخر ذلك من الأحداث المختلفة التي تطرأ على حياة الأفراد. The hassles of daily life.

إذا لم يتعرض الفرد لأحداث عنيفة في حياته الخاصة، فذلك لا يعني أنه يعيش بلا ضغوط أو بلا توتر عصبي. فالحياة اليومية مليئة بالأحداث التي كلـما زاد التعرض لهـا كلـما زادت نـسبة التـوتر العصبي الذي يتعرض له الشخص.

ب. إذا نظرنا لمجموعة ضغوط الحياة مجمعة Total Life Stress:

وليس كل نوع من أنواع مسبباته على حدى نجد أنه يجب دراسة الضغط العصبي، وأسبابه وآثاره على وظيفة الفرد داخل المنمة وخارجها. أي أنه من المنطقي النظر إلى الـضغط العـصبي النـاتج عن العمل والضغط العصبي الناتج عن الحياة كوجهين لعملة واحدة.

التوتر وآثاره:

كما سبق أن ذكرنا فإن التـوتر جـزء لا يمكـن تفاديـه أو تجنبـه في العمـل وكـذلك في الحيـاة العامة.

وأثبتت الدراسات ان التوتر يسبب حوالي 10% من فاقد الإنتاج القومي في الولايات المتحدة. والجزء الأكبر من هذا القلق يرجع إلى تأثير التوتر على الصحة العامة سواء البدنية أو النفسية وبالتالي الأداء في العمل.

أولاً: تأثير التوتر على أداء المهام:

كان الاعتقاد السائد في الماضي أن معدل منخفض من التوتر يرتبط بمعدل أعلى في الأداء والعكس صحيح. ورغم ان هذا الاعتقاد يكون صحيح في بعض الحالات، إلا انه ثبت مؤخراً أن التوتر يؤثر سلبيا على الأداء حتى في أقل معدلاته وتعتبر الأسباب التالية السبب في ذلك:

1. الشخص المتوتر يفكر لا إراديا في ما يحس به من ضغط وتوتر أكثر من تركيزه في اداء المهمة، لذلك لا يقوم بأداءها كما ينبغي.

2. التعرض الدائم لضغوط الحياة يؤثر على الصحة العامة للشخص مما يحول دون اداء المهمة بنجاح.

وبالرغم من هذه الحائق إلا انه يجب مراعاة وجود حالات خاصة لا يتأثر فيها الداء بحالة التوتر ويحدث ذلك عندما يكون الشخص المتوتر خبير وتعود على أداء هذه المهمة، وبذلك لا يتأثر أداءه تحت ضغط التوتر.

ويجب الأخذ في الاعتبار أن تأثير كل مستوى من التوتر يختلف من شخص لآخر. فهناك الشخص الذي يبعد عن التوتر، وهو شديد الحساسية للشد العصبي لذلك يؤثر عليه جداً. وعلى العكس فيقل تأثير التوتر على الأشخاص الذين يعتبرون التوتر نوع من التحدي لهم ولقدراتهم.

ثانياً: التوتر وتأثيره على الصحة النفسية:

تؤدي معظم الأعمال إلى درجة من التوتر العصبي، وعلى الموظف أن يحسن إدارة أعماله وكذلك الحفاظ على حالته النفسية جيدة. ولكن البعض يفشل في ذلك والنتيجة انه بمرور الوقت يتحول الموظف إلى مريض نفسي نتيجة للتعرض للتوتر المستمر. وعادة ما يكون هذا المرض هو الاكتئاب الذي يصحبه سلوك سلبي وغير سوى، وكذلك تتأثر الصحة العامة للشخص. ويعاني ضحايا الاكتئاب من اداء منخفض مع الإحساس الدائم بأنهم لم يقوموا بتحقيق أي شيء في الماضي، ولن يحققوا شيء في المستقبل.

ما هي أسباب الاكتئاب؟

يعتبر السبب الرئيسي وراء الاكتئاب هو التعرض الدائم للضغط والتوتر، هذا إلى جانب بعض الاسباب الأخرى الراجعة إلى الشخصيات الموجودة في المنظمة فمثلاً:

ظور العمل التي تؤدي إلى الإحساس بأن المجهودات غير مجدية وغير فعالة مما يؤدي إلى انخفاض الآداء الفعلي الذي يؤدي بدوره إلى الاكتئاب.

كذلك قلة فرص الترقية وعدم مرونة اللوائح والإجراءات مما يجعل الموظف يشعر انه يعمل في ظل نظام غير عادل، مما يجعله ينظر إلى عمله بعين الاكتئاب وعدم الرضا.

هناك عامل هام أيضاً إلا وهو العلاقة المتبادلة بين الرئيس والمرؤوسين. حيث لوحظ أن الموظفين الذين يعانون من إهمال الرؤساء أعلى في معدلات الإصابة بالاكتئاب.

هل يمكن معالجة الاكتئاب؟

تؤكد الدلائل العملية أنه يمكن علاج الاكتئاب، وذلك عن طريق المعاملة الصحيحة معه من قبل اصدقاء العمل والرؤساء. ويمكن بذلك حماية العاملين من نهاية طريق الاكتئاب المدمرة. وكذلك العمل على تغيير الظروف المحيطة التي ادت إلى هذا الاكتئاب.

ثالثاً: التوتر والصحة العامة (القاتل الصامت):

ما مدى قوة العلاقة بين التوتر والصحة العامة؟

أثبتت الدراسات إنها علاقة قوية الدليل على ذلك أن أكثر من 50%- 70 % من جميع الأمراض التي تصيب الإنسان هي نتيجة التوتر والشد العصبي، مثل أمراض القلب والجلطات والصداع المزمن ومرض السكر وكذلك السرطان.

اختلاف طرق مواجهة التوتر:

يلعب الأشخاص أدوار مختلفة تجاه مواجهة التوتر فبعض الأشخاص يكون لديهم استعداد قوى لزيادة التوتر، وذلك لأنهم يؤدون جميع وظائفهم في آن واحد على سبيل المثال.

والبعض الآخر يكون لديه استعداد أقل، وذلك لأنهم محصنين ضد التوتر والاكتئاب. ويأتي ذلك من داخل شخصيتهم واستعدادهم النفسي.

إدارة التوتر:

يكون من الصعب التحكم في التوتر نفسه كما سبق وإن ذكرنا، ولن ذلك لا يعني عدم التحكم في آثاره.

فيما يلي بعض الخطوات التي يمكن للمنظمة أو الأفراد أتباعها لتحجيم تأثير التوتر:

1. إدارة المعيشة:

مثل تأثير اتباع نظام غـذائي والـتمارين الـرياضـية، والتـدريبات النفـسية كالاسـترخاء وكـذلك تدريبات ذهنية للتعود على التخلص من التوتر الناتج عن الاهتمام بالأشـياء إمـا لا تخـصنا أو أشـياء لا يمكننا التحكم فيها.

2. للمنظمة دور في الحد من تعرض موظفيها للتوتر:

وفيما يلي بعض الأساليب التي يمكن للمنظمة أتباعها، وذلك لتقليل التوتر النـاتج عـن عـدم قدرة الموظف على أداء التزاماته تجاه المنظمة والعمل، وكذلك التزاماته نحو أسرته.

فمثلاً يمكن للمنظمة ان تقدم الرعاية الصحية لأسر العاملين وتقـديم جـداول مرنـة للعمـل. ومن ناحية أخرى تقدم المنظمات بعض البرامج المنظمة لحماية العاملين بها من التعرض للتوتر، وذلـك من خلال برامج مساندة العاملين في مواجهة المشاكل المختلفة كتوفير التأمين للعاملين.

الفصل الثاني
الاتصالات

الاتصالات

تتكون المنظمات من إناس عديدين، فترى البعض منهم يعمل أمام الآلات، والآخرين يعملون خلف المكاتب، والبعض الآخر يتعامل مع عملاء وموظفين وموردين وغيرهم من الأطراف الهامة لهذه المنظمات. وكل هؤلاء الناس مشغولين باستمرار في استقبال معلومات، وتوجيهات وأوامر، وخطابات، وتقارير، ومذكرات. وهم أيضاً مشغولين بإرسال غيرها لآخرين، سواء داخل المنظمة أو غيرها، أي أنهم مشغولين بالاتصال.

وهؤلاء الناس يتعاملون مع تفصيلات دقيقة عن وظائفهم أكثر مما يتعاملون مع الاتصالات نفسها. وبالتالي فإن الاتصالات هي الوسيلة لتحريك المعلومات الخاصة بوظائفهم. أي أن الناس يستخدمون الاتصالات كوسيلة لتحقيق أهداف معينة في العمل الذي يؤدونه، ولا يستخدمونها كغاية أو هدف نهائي. فالواقع أننا نستخدم الاجتماعات واللجان، والخطابات، والمذكرات، والتقارير، ليس حبا فيها، وإنما هي الوسيلة المناسبة لنقل المعلومات الخاصة بالعمل من طرف إلى طرف آخر.

ويتوقف نجاح أو فشل عملية الاتصال ليس فقط على علم الفرد القائم بالاتصال بموضوع الاتصال، بل أيضاً على اعتبارات كثيرة منها: خبرته في صياغة الافكار، واستخدام وسيلة الاتصال المناسبة لهذه الافكار، وكفاءة استقبال وفهم وتصرف الفرد الآخر الذي يستقبل هذه الافكار.

ونتناول في هذا الفصل عدة موضوعات. نبدأ هذه الموضوعات بتناول ماهية وأهمية الاتصالات في مجالات الأعمال والمنظمات. وننتقل بعد ذلك إلى نظرية الاتصالات، وفيها نستعرض خطوات وأطراف عملية الاتصال، وتطور نظرية الاتصالات في الفكر الإداري، ومعوقات الاتصالات، ومعايير كفاءتها. ويمتد التحليل بعد ذلك بتناول الاتصالات التنظيمية والإدارية، ونهتم فيها بكيفية تصميم أنظمة

اتصالات تسمح بانسياب معلومات عبر المستويات التنظيمية والإدارية المختلفة داخل المنظمة، ويستدعي الأمر اعطاء امثلة من تلك الانظمة التي يمكن استخدامها بهذا الصدد. ثم ننهي الفصل بالتركيز على تلك المهارات الشخصية في الاتصال، وعليه التركيز على اعطاء نصائح وارشادت لرفع المهارات الفردية في الاتصال بالغير وفي استخدام وسائل الاتصال المختلفة.

وبناء على المقدمة السابقة، فإننا سنتناول الموضوعات التالية:

- ماهية وأهمية الاتصالات.
- نظرية الاتصالات.
- الاتصالات التنظيمية والإدارية.
- المهارات الشخصية في الاتصال.

ماهية وأهمية الاتصالات:

يمكن تشبيه الاتصالات داخل المنظمات بالدم الذي يجري في عروق الإنسان، يحمل الغذاء إلى كافة انحاء الجسم. وبالمثل، لا يمكن تسيير أمور المنظمات، ولا يمكن للمديرين أن يؤدوا اعمالهم ما لم تكن هناك أنظمة اتصالات جيدة داخل المنظمة، وما لم تكن لديهم المهارات الفردية اللازمة للاتصال الفعال بغيرهم. هذا التشبيه الكاريكاتيري لماهية وأهمية الاتصالات يقودنا في الجزء إلى مزيد من الشرح عن كل من ماهية وتعريف الاتصالات، وأيضاً إلى اهيمة الاتصالات داخل المنظمات.

ماهية الاتصال:

يستخدم جميع الناس لفظ الاتصال Communication سواء كانوا في منظمات الاعمال أو المدارس أو دور العبادة أو الأندية أو غيرها. وقد يتفقوا أو يختلفوا احيانا فيما يقصدونه بالاتصال. فرجل العلاقات العامة قد يقصد "توصيل وتحسين صورة المشروع أما المجتمع". ورئيس مجلس الإدارة قد يقصد "تقريب وجهة

النظر بين المشروع والحكومة" ورجل المبيعات قد يقصد "أخبار العملاء والمستهلكين بمزايا المنتجات" ومدير إدارة الأفراد قد يقصد "توفير معلومات كاملة عن سياسات المشروع للعاملين"، والمدير الممارس قد يقصد "تبادل المعلومات بينه وبين المرؤوسين" والمرؤوسين قد يقصدون "الطرق السليمة لإخبار المشروع بمشاكلهم".

هذا ولقد تناول العلماء والكتاب تعريف الاتصال من عدة زوايا. وكل زاوية تركز على أحد الاعتبارات الهامة في الاتصال. وسنعرض فيما يلي لبعض التعريفات.

يركز علماء النفس والإدارة المهتمين باكتساب السلوك والتعلم على أن الاتصال يمكن أن يكون وسيلة للتأثير. وعلى هذا فإن الاتصال من وجهة نظرهم هو عبارة عن:

"السلوك اللفظي أو المكتوب الذي يستخدمه أحد الأطراف للتأثير على الطرف الآخر":

وهناك مجموعة من العلماء تركز على العمليات العقلية (أو الوجدانية والمعرفية والذهنية) الموجودة في عملية الاتصال. ومن ضمن هذه العمليات التقدير والحكم والتفسير والربط والتذكر وإضافة المعلومات والاختصار وعلى ذلك فإن الاتصال هو:

• استخدام الكلمات والحركات وغيرها من الرموز لتبادل المعلومات

وهناك مجموعة أخرى من العلماء تركز على النشاط الذي يحدث في علمية الاتصال، والاتصال من وجهة نظرهم هو:

"عملية مستمرة ومتغير "تتضمن انسياب أو تدفق أو انتقال اشياء".

وينظر بعض العلماء إلى العلاقات والتفاعلات Transactions التي تحدث في الاتصال على اعتبار انها محور التركيز وهكذا يقوم أحد اطراف الاتصال بدراسة الطرف الآخر لكي يحدد كيف يضيغ أفكاره في رسالة يضعها في وسيلة معينة وعلى هذا فإن الاتصال هو:

"وضع الافكار في صياغات (رسالة) وفي وسيلة مناسبة، بحيث يمكن أن يتفهمها الطرف الآخر، ويتصرف بالشكل المطلوب".

أما علماء نظم المعلومات فينظرون إلى الاتصالات من وجهة النظر الرياضية والاحصائية والهندسية. فالشيء محل الاتصال هو المعلومات، ويتم استقبالها أو ارسالها من خلال إشارة كهربائية، ويتم تخزين المعلومات وفقاً لنظام محدد للتوثيق. وعليه فإن الاتصالات وفقاً لنظم المعلومات هي:

"استقبال وترميز، وتخزين، وتحليل، واسترجاع، وعرض، وارسال المعلومات".

ومن تلك التعريفات السابقة يمكن أن نقول أن كلاً منها يقدم وجهة نظر معقولة لتعريف الاتصال. أما تعريفنا للاتصال فسيحاول أن يوفق بين التعريفات السابقة، ويقدم مفهوما يتمشى مع طريق العرض لموضوع الاتصال في هذا الكتاب. وهذا التعريف يقول بأن الاتصال هو:

"عملية مستمرة تتضمن قيام أحد الاطراف بتحويل أفكار ومعلومات معينة إلى رسالة شفوية أو مكتوبة، تنقل من خلال وسيلة اتصال إلى الطرف الآخر".

إن التعريف الذي نقدمه يقسم الاتصالات إلى عدة اجزاء وعناصر ويوضح شكل 9 - 1 أن هذا العناصر هي:

1. الراسل Sender. ولديه مجموعة من الأفكار Ideas والمعلومات التي يرد أن ينقلها إلى طرف آخر. وهو في ذلك متأثر بطريقة فهمه وتفسيره وحكه على

هذه الأفكار (أو ما يطلق عليه بالإدراك) كما انه يتأثر في ذلك بخبرته وخلفيته من المعلومات المتشابهة أو المكملة أو ذات الصلة، (وهو ما يطلق عليه التعلم أو الخبرة المكتسبة). كما تتأثر الأفكار والمعلومات والمعاني التي لدى الراسل بالمكونات الخاصة والحاجات الاهتمامات والميول الشخصية للراسل وأيضاً القيم والانفعالات والحاجات الشخصية لهذا الراسل، (وهو ما يطلق عليه الشخصية). كما أن النمط الحاسي للفرد، وما يتضمنه من رغبات واتجاهات ناحية عناصر معينة من الحاجات الأساسية والاجتماعية والانجاز، وأيضاً توقعاته، ومستوى نشاطه وطموحه وأهدافه لها تأثير على مالدى الراسل من أفكار. وكل هذا يتأثر ويؤثر في كيفية معالجة الراسل للافكار من خلال العديد من العمليات الوجدانية (أي العقلية أو المعرفة كالتقييم، واولتذكير والحكم، والإضافة، والربط، وغيرها من العمليات الوجدانية).

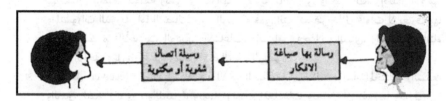

شكل 9 – 1 عناصر الاتصال

2. الرسالة Message. وهي عبارة عن تحويل الافكار إلى مجموعة من الرموز ذات معاني مشتركة بين الراسل والمستقبل وتحويل الافكار قد يأخذ اشكال عديدة منها الرموز التالية: الكلمات، والحركات، والأصوات، والحروف، والأرقام، والصور، والسكون،وتعبيرات الوجه والجسم، والتلامس، والمصافحة، والصراخ، والهمسات، وغيرها من الرموز. إن الاختبار لصياغة الرسالة ورموزها من الأهمية بمكان لكل من الراسل والمستقبل. أما سوء الاختيار فيؤدي إلى مشاكل كثيرة، فعلى الراسل أن يعرف أن الصياغات والمرموز قد

تكون لها معاني مختلفة باختلاف الناس. كما قد تحتوي على معاني ضمنية، أو خفية، أو مترادفة، أو متعارضة.

3. الوسيلة Media. على الراسل أن يختار الوسيلة الاكثر تعبيراً وتأثيرا وفعالية على المستقبل لها. وهناك العديد من الوسائل الخاصة بالاتصال، فمنها المنطوق (أو الشفهي) كالمقابلات الشخصية، والاجتماعات، واللجان، والتليفون، والندوات، والمحادثات الشخصية، والمؤتمرات، وهناك الاتصالات المكتوبة كالخطابات، والمذكرات، والتقارير، والمجلات، والمنشورات الدورية، والتكلس،واللوائح،وأدلة إجراءات العمل. ويمكن النظر إلى وسائل الاتصال بحسب درجة رسميتها فهناك الوسائل الرسمية، والوسائل غير الرسمية. والوسائل الرسمية هي التي يعترف بها هيكل تنظيم المنظمة وتسير في قنواتها الرسمية كالتقارير، والخطابات، وإصدار الأوامر، والمنشورات الدورية، أما الاتصالات غير الرسمية فهي التي قد تمر خلال قنوات لا يعترف بها هيكل التنظيم فالأحاديث الودية، والاشاعات، والتسامر، وحفلات الشاي، والمناقشات أثناء فترات الراحة، تمثل أنواع من وسائل الاتصال غير الرسمي.

4. المستقبل Receiver. يستقبل الطرف الآخر الرسالة من خلال حواسه المختلفة (السمع، والصبر، الشم، والذوق، واللمس)، ويختار وينظم المعلومات ويحاول أن يفسرها ويعطي لها معاني ودلالات. أن هذه العلميات الادراكية وما يؤثر فيها من عناصر الشخصية، والدافعية، والتعلم، تحدد ما يفهمه،وما يقبله الشخص المستقبل للأفكار والمعلومات المرسلة إليه، وبناءاً على هذه العمليات يقوم مستقبل الرسالة بالتصرف والسلوك.

وخلال الخطوات الأربع السابقة يكون هناك عناصر من شأنها أن تسهل وتيسر عملية الاتصال، أو من شأنها أن تصعب وتعوق هذا الاتصال، وذلك في جميع الافكار، والمعلومات أو وصفها في صياغات ورسالة، أو في اختيار الرسالة المناسبة، أو استقبالها وفهمها بواسطة المستقبل. وسنعتني بهذا الموضوع في جزء قادم من هذا الفصل.

أهمية الاتصالات للإدارة والمدير:

تهتم نظرية الإدارة الحديثة ليس فقط بالوظائف التقليدية للإدارة من تخطيط، وتنظيم، وتوجيه، ورقابة، وإنما تهتم أكثر بالطريقة التي يعمل بها المدير، وكيف ينفق وقته، وكيف يؤدي عمله، وما هي الأدوار والأنشطة والمهام التفصيلية التي يقوم بها المدير فعلاً أثناء عمله. فنظرية الإدارة الحديثة تهتم مثلاً بان المدير يلعب أدواراً مثل الاتصال الجهات الخارجية، وتمثيل المنظمة رسمياً، تجميع وتحليل المعلومات، ونشرها. والتحدث باسم المنظمة، وحل المشاكل، والتعارض مع الغير، وغير ذلك من المهام والأدوار.

وحينما نتحدث عن كيفية إنفاق المدير لوقته، فإننا يمكن أن نقول أن جزءا كبيراً من وقت المدير ينفق في الاتصالات. فقد توصلت أحدى الدراسات الحديثة إلى أن المدير ينفق 78% من وقته في الاتصالات. فالمدير الناجح يتعامل يومياً وباستمرار مع المعلومات والبيانات، فهو يجمعها ويفرزها ويبوبها ويحللها ويوفرها وينشرها بالطريقة التي تضمن له حسن أداء العمل، وتحقق أهداف المنظمة.

وتعتبر الاتصالات وسيلة المديرين في إدارة أنشطتهم الإدارية وفي إدارة وتحقيق أهداف المنظمة، وذلك على اعتبار أن الاتصالات تساعد في القيام بالآتي:

التعلم:

يمكن تقسيم القدرات الفردية إلى نوعين؛ قدرات موروثة قدرات مكتسبة يقصد بالقدرات الموروثة تلك القدرات التي يؤلد بها كل منا، والتي تجعل كل فرد متميزاً عن الآخر. أما القدرات المكتسبة فهي تلك القدرات التي يمكن نقلها واستيعابها من خلال أنظمة التعليم السائدة ومن خلال الممارسة العلية للعمل ومن خلال التدريب والتنمية. وحيث أنه ليس لأحد سلطان على ما يرثه الآخر، لذلك فإن كل اهتمامنا سينصب على القدرات المكتسبة والتي يمكن تعلمها.

النظرية السلوكية للتعلم:

تقوم النظرية السلوكية للتعلم على عدة مقومات هي:

1. لا بد أن يكون للفرد هدفا ما أو مجموعة من الأهداف يود تحقيقها.
2. لا بد أن يسلك الفرد مسلكا محدداً يهدف إلى محاولة تحقيق هذه الأهداف.
3. أن النجاح في تحقيق الهدف يعني التعلم، ذلك أن الفرد يكون قد تعلم الوسيلة التي يمكن استخدامها لتحقيق هدف محدد.

تختلف النظرية السلوكية للتعلم عنالنظرية الكلاسيكية والتي كان مؤداها أن التعلم هو عبارة عن العلاقة بين المثير من ناحية والاستجابة من ناحية أخرى. وقد طبقت هذه النظرية على أنواع مختلفة من الحيوانات، حيث ثبتت صحتها. مثال ذلك ان يهز الكلب ذيله (استجابة) إذا راى صاحبه، أو أن يسيل لعاب الكلب (استجابة) حين يرى الطعام (مثير)، أو أن يجري القط تجاه حجرة الطعام (استجابة) إذ سمع باب الثلاثة يفتح، ... وهكذا وعلى ذلك فإن النظرية السلوكية تأخذ في الاعتبار أن استجابة الفرد، أي تعلمه، تتأثر بالعديد من العوامل السيكلوجية، والتي تختلف من فرد لآخر، وهذا يعني أن ما يتعلمه فرد ما قد لا يستطيع فرد آخر تعلمه، وأن قدرة فرد ما على الاستيعاب والتذكر قد تختلف عن قدرة فرد آخر، وأن لاسرعة التي يتوم بها التعلم تختلف أيضاً من فرد لآخر. وعلى ذلك فهناك عدة عوامل تؤثر على عملية التعلم يمكن ايجازها فيما يلي:

1. **الاتجاهات:**

كلما كانت اتجاهات الفرد ايجابية تجاه الشيء موضوع التعلم، كلما زادت قدرته على تعلمه، والعكس صحيح. فالطفل الذي يحب امه يتعلم كيف يرضيها، والعامل الذي يحب عمله يتعلم كيف يتقنه... وهكذا.

2. **الخبرات السابقة:**

تؤثر الخبرات التي سبق للفرد تعلمها على ما يمكن أن يتعلمه في المستقبل، فالشخص الذي سبق له أن اقرض زميلا له سياته وقام هذا الزميل بتحطيمها في حادثة لن يقوم باقراض سيارته لأحد بعد ذلك.

3. **الاتصالات بالآخرين:**

لكل منا خبراته، وعليه، فإن الاتصال بالآخرين يؤدي إلى تبادل هذه الخبرات مما يساعد كل فرد على التعلم. فالأبن مثلاً يتعلم أهمية التعليم وضرورة الحصول على شهادة ما من أبيه الذي هجر التعليم في الصغر وبالتالي لم يحصل على وظيفة محترمة.

4. **أهمية ما يتعلمه الفرد:**

بغض النظر عن اتجاهات الأفراد تجاه الشيء موضوع التعلم، فإنه كلما زادت أهمية هذا الشيء، كلما زادت السرعة في تعلمه. مثال ذلك أن يقوم طالب الدكتوراه في الجامعات الأمريكيةبتعلم لغتنين أجنبيتين، برغم كرهه لهما، لأن ذلك يؤهله لدخول الامتحانات النهائية وكتابة الرسالة للحصول على الدرجة العلمية مثال ذلك أيضاً أن يقوم رؤساء وحدات الأجور في بعض شركات القطاع العام في مصر بتعلم بعض الأشياء التي تتعلق بالحاسب الالكتروني نظراً لأهميته له في عمله حين لقيام إدارة المنظمة باستخدام نظام الحاسب الالكتروني في عمل الأجور والاستحقاقات بدلاً من الآنظمة اليدوية.

5. الثواب والعقاب:

يتعلم كل فرد ماهية السلوك الذي يرتبط بالحصول على الثواب أو العقاب. وعليه، فإن التعلم يعني محاولة الفرد أن يسلك سلوكا معيناً (للحصول على الثواب) وتجنب بعض الانماط السلوكية الاخرى (تفاديا العقاب).

التدريب والتنمية:

إن التركيز على القدرات المكتسبة، وخاصة تلك التي يتعلمها الفرد في مجال عمله كأحد محددات مستوى ادائه لا شك يدخلنا في صميم قضية التدريب والتنمية. وعلى ذلك فإننا سوف نتعرض لهذا الموضوع من ثلاث زوايا وهي، طرق التدريب والتنمية، أنواع التدريب والتنمية، والاجراءات التنظيمية المتعلقة بالتدريب والتنمية.

طرق التدريب والتنمية:

هناك العديد من الطرق التي يمكن استخدامها في تدريب وتنيمة العاملين على كافة المستويات نوجز أهمها فيما يلي:

1. طريق تحليل الإدارة Management Audit

ويقصد بها الحصر والتحليل المنظم لأفراد الإدارة بالمنظمة من إداريين ومشرفين وفنيين، بما في >لك من دراسة لقدراتهم الكافية واحتياجاتهم التدريبية والشخصية. كما انها تتضمن دراسة وافية لجميع الوظائف بالمنظمة، بحيث يمكن في النهاية التوفيق بين الفرد والوظيفة.

2. طريقة الخبرة الإرشادية Guided Experience Method:

ويقصد بهذه الطريقة التدريب في مكان العمل حيث يتولى الرؤساء تدريب وتنمية مرؤوسيهم وذلك بإعطائهم الخبرة التي ترشدهم إلى أفضل الطرق لاستيعاب العمل. وتتمثل هذه الخبرة في العديد من الاشياء مثل واجبات العمل اليومية، بعض الواجبات الخاصة، عرض بعض المشاكل التي يجب حلها، الاشتراك في الاجتماعات، الاشتراك مع فرق العمل، القيام ببعض البحوث، كتابة بعض التقارير ... إلى آخره. وبالتالي تصبح معهمة الرئيس محصورة ليس في تقديم هذه الخبرات فحسب، بل وفي تنظيمها وترتيبها بحيث تتدرج من الأكثر سهلة إلى الأكثر صعوبة، حتى يمكن للمرؤوس أن يكتسب هذه الخبرات بطريقة متدرجة مع مرور الوقت.

3. طريقة الاجتماعات Conference Method:

وهي من أقدم الطرق المستخدمة في التدريب والتنمية. وتهدف هذه الطريقة اساساً إلى تبادل الآراء وتشجيع المشاركة الديموقراطية من خلال الاجتماعات حتى يمكن الحصول على قبول الأفراد لما يتم تعلمه. وقد ينظر البعض إلى هذه الطريقة على أنها وسيلة لحل المكلات وليست اداء للتدريب ويرجع ذلك إلى أم مثل هذه الاجتماعات عادة ما كانت تعقد حينما تطفو بعض المشاكل الإدارية على السطح، حيث يطلب من الأعضاء تقديم الحلول التي يرونها. وبغض النظر عن كون هذه الاجتماعات موجهة لحل مشاكل محددة، فإنه يمكن النظر إليها على انها طريقة للتدريب والتغمية إذا استخدم رئيس الاجتماع مثل هذه المشاكل كوسيلة لتسهيل عملية التعلم من جانب الأعضاء.

وقد تم تعديل هذه الأسلوب حديثاً إلى ما يسمى "بالاجتماعات الموجهة Directed Conferences والتي تهدف اساساً إلى تبادل المعلومات والخبرات وإلى خلق اتجاهات ايجابية من جانب الأعضاء تجاه المنظمة.

4. **التمرير على العمل Job Rotation:**

ويقصد بهذه للطريقة الحركة المخططة للأفراد من وظيفة إلى أخرى وذلك بهدف توسيع دائرة معارفهم وخبراتهم وتنويعها. وبهذا الصدد فإن هذه الطريقة تختلف عن عملية نقل العاملين من وظيفة لأخرى حيث يهدف النقل إلىمواجهة حاجات محددة كما انه عادة ما يتضمن تغييراً واحداً، في حين أن التمرير يهدف إلى تنيمة قدرات الأفراد ويتضمن العديد من التغيرات للوظائف ولا تهدف هذه الطريق إلى مجرد العلم بالشيء ولكنها تهدف اساساً إلى تعميق نوع الخبرة حيث يطالب الفرد بأن يتحمل مسؤوليات الوظيفة الجديدة وأن يعمل بكفاءة لاثبات وجوده.

5. **الإدارة المتعددة Multiple Management:**

ويقصد بالإدارة المتعددة إدارة المنظمة من خلال جماعات منظمة بطريقة رسمية بدلاً من الاعتماد على عدة قليل من أفراد الإدارة ومثل هذه الجماعات قد توجد في شكل مجالس مساعدة مثل مجلس المبيعات ومجلس الإنتاج ... إلى آخره، كما أنها قد توجد في شكل أسبه بمجلس الإدارة حيث يتكون هذا المجلس من جميع أفراد الإدارة التنفيذية وله الكثير من الصلاحيات والسلطات لاتخاذ ما يراه وعرضه على مجلس إدارة المنظمة.

6. **تمثيل الأدوار Role Playing:**

تهدف طريقة تمثيل الأدوار أن يلعب كل شخص دور مختلفاً وبذلك يتسنى له أن يتعلم من وراء ذلك فالطفل الذي يلعب دور الأب يحاول أن يسلك كما يسلك الأب وبذلك يتعلم،والمرؤوس الذي يلعب دور الرئيس يتعلم ما هية الضغوط التي تقع عليه من رؤسائه والطالب الذي يعلب دور استاذه يتعلم أيضاً مدى الصعوبات التي تنطوي عليه عملية التعليم .. إلى آخره وفي مجال التدريب عادة ما يتم اختيار موقف ما بحيث يلعب كل متدرب دوراً محدداً فإذا اجاد كل

متدرب دوره وبذل جهده في الدفاع عن موقفه، فإن الكثير من الحقائق تتضح امامه، وقد يؤدي هذا به إلى أن يتعلم الكثير.

7. دراسة الحالات Case Study Method:

تعني هذه الطريقة بزيادة خبرات المتدربين وذلك من خلال المحاولات التي يبذلونها لحل المشاكل. ومن اشهر الحالات المستخدمة في التدريب تلك الحالات التي نبعت من جامعة هارفارد الأمريكية. وقد بدأت هذه الجامعة في استخدام الحالات في دراسات القانون، ولكن سرعان ما انتقل استخدامها إلى مجال إدارة الأعمال. وتتميز هذه الحالات بأنها حالات واقعية، إلا أنه يعاب عليها أنها قديمة، وبالتالي لا تعبر عن حقائق ومتغيرات العصر الذي نعيشه. ومن المدارس الشهيرة أيضاً في استخدام هذه الطريقة مدرسة وارتون الامريكية وتتميز هذه الحالات بانها معاصرة، وبالتالي فإنه يمكن مقارنة الحلول التي يقترحها المتدربون مع تلك التي قامت المنظمة التي كتبت عنها الحالة بالتوصل إليها وكأسلوب تدريبي فإن الحالة قد لا يجب تمكون بالضرورة حالة واقعية ففي كثير من الأحيان يمكن كتابه حالات وهمية واعطائها للمتدربين.

8. تدريب الحاسية Sensitivity Training:

تهدف هذه الطريقة إلى محاولة تغيير اتجاهات الافراد وذلك بوضعهم في الموقف الذي يتيح لهم رؤية عيوبهم وانعكاساتها السلبية على الآخرين، وبذلك تبرز أهمية وضرورة التغيير، بالرغم من أن الفرد لا زال هو الذي الطرف يقرر لنفسه ما إذا كان يجب عليه أن يتغير أم لا عادة ما يتم اختيار افراد البرنامج من منظمات متعددة، بحيث يصبح الجميع غرباء عن بعضهم البعض، كذلك عادة ما لا يزيد عددهم عن عشرين متدربا. وفي بداية البرنامج فإنه يتم تقديمهم إلى بعضهم البعض دون ذكر لوظائفهم أو منظماتهم، مع أخطارهم بأنهم سيتعايشون مع بعضهم لمدة اسبوعين (منقطعين عن اهلهم واصدقائهم ومنظماتهم) وبذلك تبدأ

القيادة غير الرسمية في الظهور لمحاولة شغل أفراد المجموعة بعمل أي شيء حتى انقضاء مدة البرنامج ومن خلال التفاعل مع بعضهم البعض يتضح لكل متدرب عيوبه وخاصة عندما يهاجم من المجموعة أو يتهكم عليها أو يعزل تماماً عن أفرادها. وبذلك تصبح الفرصة أمامه واضحة للغيير، إذا أراد.

أنواع التدريب والتنمية:

هناك أنواعاً عدة من برامج التدريب والتنمية يمكن ايجاز معظمها فيما يلي:

1. برامج التنمية الإدارية:

تهدف هذه البرامج، والتي توجه إلى أفراد الإدارة العليا والإدارة التنفيذية بالمنظمة، إلى تنمية المهارات القيادية للأفراد، وكذلك القدرة على احداث التنسيق المناسب وذلك بالنظر إلى المنظمة كوحدة متكاملة، وكذلك القدرة على التفكير الخلاق. وكيفية مواجهة التحديات. وعلى ذلك فإن هذه البرامج تهدف إلى تجديد الآراء والمفاهيم التي عادة ما تتقادم بفعل عامل الزمن.

2. برامج الإدارة الإشرافية:

تهدف هذه البرامج إلى تنمية قدرات أفراد الإدارة الاشرافية وذلك من خلال تزويدهم بما هو جديد في مجالات المعرفة المختلفة. وتأخذ هذه البرامج اشكالاً عدة مثل التدريب في مكان العمل، أو التمرير على الوظائف المختلفة، أو الالتحاق ببعض المدارس... إلى آخره. وينحصر الفارق الأساسي بين برامج التنمية الإدارية وبرامج الإدارة الاشرافية في أن الأولى تهدف إلى تنمية القدرات المتعلقة برسم السياسات العامة للمنظمة، في حين أن الثانية تهدف إلى تنمية القدرات المتعلقة بكيفية تنفيذ هذه السياسات.

3. برامج المتدربين الإداريين Management Trainee Programs

تقوم هذه البرامج على استقطاب خريجي الجامعات أو من هم على وشك التخرج والحاقهم في برامج تدريبية غير رسمية، بحيث يمكن تعيينهم في وظائف ادارية بعد انتهاء الفترة التدريبية ووفقاً للشروط الملائمة لكلا الطرفين. وعادة ما تشمل هذه البرامج اعطاء الخلعية العامة عن المنظمة، وكذلك اعطائهم بعض الأعمال المحددة لزيادة خبراتهم، ثم الحاق كل متدرب بقسم أو ادارة معينة لتنمية بعض الخيرات المتخصصة فيهم.

4. برامج التثقيف العام:

تهدف هذه البرامج إلى تلبية احتياجات الأفراد من النواحي الاجتماعية والترفيهية والثقافية والمهنية. وعلى ذلك فهي برامج مكملة للبرامج التخصيصة التي ترتبط بأداء العمل، حيث تعمل على تنمية كل ما يتعلق بخلق المواطن الصالح في جميع المواقع. وتتعدد هذه البرامج لتشمل الكثير من نواحي النشاط المختلفة مثل فن الديكور، والتصميم، والأدب،واشغال الزخرفة، والتصوير والتمريض والاسعاف الأولي، والحرف اليدوية المختلفة.

5. برامج التكيف Orientation Programs:

تهدف هذه البرامج عامة إلى زيادة قدرة العاملين على التكيف مع المنظمة التي يعملون بها، وهو ما يطلق عليه Orientation أو إلى التكيف مع القسم أو الإدارة التي يعملون بها وهو ما يطلق عليه Irduction. وفي الحالة الأولى فإن البرامج تكون أكثر عمومية في طبيعتها وتشمل كل ما يتعلق بعلاقة الفرد بالمنظمة أما في الحالة الثانية فإن البرامج تكون أقل عمومية وتشمل كل ما يتعلق بعلاقة الفرد بقسمه أو إدارته.

6.   برامج تنمية المهارات Skill Training:

وهذه هي البرامج التي تهدف إلى تنمية قدرات الأفراد على أداء وظائف محددة. ومثل هذه الوظائف عادة ما تتصل بالقيام بعمليات أو أنشطة محدودة، كما أنها لا تتطلب الكثير من المعرفة الفنية، كما انها لا تتطلب وجود نوعيات مختلفة من المهارات مثل كتبة البيع ورجال الخزينة وحفظة السجلات ... إلى آخره. وعادة ما تأخذ هذه البرامج شكل التدريب في مجال العمل.

7.   البرامج التخصصية:

وهذه هي البرامج التي تهدف إلى تنمية قدرات الأفراد على أداء وظائف محددة. وتختلف هذه الوظائف عن سابقتها في أنها تتصل بأنشطة غير محدودة نسبياً ولكنها من نوعية واحدة، كما انها تتطلب الكثير من المعرفة الفنية المتخصصة. مثال ذلك برامج تدريب المحاسبين، ومهندسي ضبط الجودة، والعاملين بالشؤون القانونية، والعاملين بشؤون الأفراد ... إلى آخره.

8.   برامج المهارات السلوكية:

وتهدف هذه البرامج إلى تزويد المتدربين بالمفاهيم الأساسية المرتبطة بالسلوك البشري ومحدداته ويرجع السبب في ذلك إلى أن المعرفة الفنية المتخصصة وحدها لا تكفي لرفع سنوي الإداء، حيث أن الاداءؤ يرتبط أيضاً بالقدرة على تفهم العنصر البشري ذاته القائم بالعمل. ومثل هذه البرامج يجب توجيهها إلى جميع أفراد المنظمة وخاصة أولئك الذين يشغلون مراكز رئاسية وعلى جميع المستويات، ذلك أن نجاح أي رئيس في تحفيز مرؤوسيه على الأداء الجيد يرتبط بقدرته على إحداث التأثير المطلوب عليهم والذي يرتبط بدوره بقدرته على تفهم انماطهم السلوكية المختلفة.

الإجراءات التنظيمية الخاصة بالتدريب والتنمية:

يحتاج التدريب والتنمية إلى الكثير من الإجراءات التنظيمية نوجزها فيما يلي:

1. **التنظيم الخاص بعملية التدريب والتنمية:**

هناك عدة اشكال تنظيمية لعملية التدريب والتنمية تتدرج من البساطة إلى المتعقد وهي:

أ. أن يقوم الرئيس المباشر بالتدريب والتنمية دون أي مساعدة من أي شخص خارجي.
ب. أن يقوم مساعد الرئيس المباشر بالتدريب والتنمية دون أي مساعدة خارجية.
ج. أن يقوم الرئيسي المباشر بمعظم عمليات التدريب والتنمية بمساعدة متخصصين في التدريب والتنمية.
د. أن يقوم أحد المتخصصين في التدريب والتنمية بقبول هذه المهمة بناء على دعوة مباشرة من الرئيس المباشر.
ه. أن يتولى التدريب والتنمية جهاز محدد هو إدارة التدريب بالمنظمة.
و. أن يتولى التدريب والتنمية جهاز متخصص خارجي كأحد معاهد التدريب الخارجية.

ولا شك أن المفاضلة بين أي شكل من الأشكال التنظيمية السابقة يتوقف على عدة أشياء مثل:

- عدد العاملين.
- عدد من يراد تدريبهم وتنميتهم.
- توافر الكفاءة التدريبية للرؤساء المباشرين.
- تكلفة التدريب والتنمية بالداخل ومقارنتها بتكلفة المعاهد الخارجية.
- مدى توافر المرونة في معاهد التدريب الخارجية للوفاء باحتياجات المنظمة.

2.   حصرا احتياجات التدريب:

حتى تكون عملية التدريب والتنمية هادفة، فإنها يجب أن تبدأ بالحصر الدقيق للاحتياجات التدريبية للمنظمة. هذا ويمكن عمل هذا الحصر من خلال القيام بعدة اشياء مثل:

أ.   دراسة كل ما يستجد من معارف في المجلات والمطبوعات المتخصصة في ميدان التدريب والتنمية للتعرف على الاحتياجات الجديدة في هذا الميدان.

ب.   عمل وتوجيه الاستقصاءات إلى العاملين بالمنظمة لمعرفة ما يحتاجونه من تدريب. كذلك يمكن توجيه مثل هذه الاستقصاءات إلى الرؤساء لمعرفة آرائهم فيما يتعلق بالاحتياجات التدريبية لمرؤوسيهم.

ج.   تحليل تقارير الأداء لمعرفة نقاط الضعف، والتي تمثل بدورها الاحتياجات التدريبية.

د.   عمل وتوجيه الاستقصاءات إلى أفراد المجتمع لمعرفة رأيهم في المنظمة ومنتجاتها ونقاط القوة ونقاط الضعف فيها.

ه.   تحليل دراسة حالات الفشل وخاصة تلك تعقب عمليات النقل أو الترقية.

و.   تحليل ودراسة العمل ذاته لتحديد ما يحتاجه شاغله من مهارات.

ز.   تحليل ودراسة الطلبات المقدمة من العاملين مباشرة والمتعلقة برغباتهم في التدريب والتنمية.

3.   الشكل التنظيمي لجهاز التدريب والتنمية:

سواء تم التدريب والتنمية في داخل المنظمة أم خارجها، فإنه يحتاج في كلا الأمرين إلى إنشاء جهاز داخلي يطلق عليه "إدارة التدريب والتنمية" وهناك عدة خطوات يجب أخذها في الاعتبار حين انشاء هذا الجهاز:

أ.   تحديد وظائف إدارة التدريب والتنمية وتحديد سلطاتها ومسؤولياتها.

ب.   وضع إدارة التدريب والتنمية في الهيكل التنظيمي للمنظمة.

ج.   التنظيم الداخلي لعملية التدريب والتنمية ذاتها، أي تحديد الوحدات التي تقوم بالتدريب
       والتنمية والتنسيق بينها.

د.   استقطاب وتعين الأفكار في إدارة التدريب والتنمية.

أما من حيث واجبات وسلطات مدير إدارة التدريب فإنه يمكن حصرها فيما يلي:

أ.   تحديد احتياجات التدريب والتنيمة بالمنظمة وتحديد الأفراد الذين يجب العمل على
      تدريبهم وتنميتهم وكذلك ماهية ما سيتعلمونه.

ب.   القيام بعملية التدريب والتنمية وتقديم كافة التسهيلات التعليمية التي تحقق ذلك مثل
      الاتصال بمعاهد التدريب الخارجية وعقد الاتفاقات معها.

ج.   تشجيع الأفراد وحفزهم على التعلم.

د.   الاضطلاع بمهمة تقييم النتائج النهائية لبرامج التدريب والتنمية لتحديد مدى فاعليتها واجراء
      التصحيح اللازم، إذا كان ذلك ضرورياً.

4.   إعداد أفراد هيئة التدريب:

إذا اضطلعت إدارة التدريب بالمنظمة بعملية التدريب والتنمية، فإن ذلك يجب أن تسبقه
عملية إعداد المدربين أنفسهم. ويتم مثل هذا الاعداد بعدة طرق منها:

أ.   محاولة الحصول على نقد الآخرين لطريقة التدريب المتبعة، وبذلك يتاح للمدرب الفرص
      لتنظيم أسلوبه وتعديله.

ب.   عمل زيارات ميدانية لمنظمات أخرى للوقوف على ما استحدثوه في مجال التدريب والتنمية.

ج.   العمل على إنشاء ودعم المكتبات.

د.   الالتحاق ببعض برامج التعليم الرسمية مثل الدراسات العليا للتزود بما هو جديد.

ه. دعوة بعض المتخصصين في مجال التدريب والتنمية لتنظيم برامج التدريب الداخلية بالمنظمة.

5. الاستعانة بالممارسين في عملية التدريب والتنيمة:

في كثير من الأحيان قد يكون من المفيد استخدام افراد الإدارة الممارسين في القيام بتدريب وتنمية العاملين بالمنظمة. وتتبلور ميزة ذلك في ربط العلم بالعمل إلا أن الاعتماد، ولو بعض الشيء على هؤلاء الممارسين يجب أن يتوافر له بعض مقومات النجاح مثل اختيار الاكفاء القادرين على تدريب وتنمية الاخرين وضرورة توافر الدافع لهم على عمل ذلك. وقد لجأت بعض المنظمات إلى اعتبار تدريب وتنمية المرؤوسين احد الانشطة الرئيسية للرئيس بحيث تدخل في التقييم النهائي لأدائه كرئيس.

6. جدولة عملية التدريب والتنمية:

بعد إعداد جميع البرامج التدريبية فإنه يجب جدولتها أي تحديد طول الفترة الزمنية لكل برنامج، عدد المتدربين، نوعية المدربين، مواعيد بدء كل برنامج. وتعتبر هذه الجدولة عملية أساسية حتى لا يؤدي التدريب إلى تعطيل العمل الفعلي أو التعارض معه.

7. تقييم فاعلية التدريب والتنمية:

تعتبر هذه الخطوة من أهم الخطوات وأصعبها. وترجع أهميتها إلى أنه يجب النظر إلى تكاليف عملية التدريب والتنمية على انها استثمار في العنصر البشري، وكأي استثمار فإنه يجب أن يرتبط بعائد محدد، ولذلك فإن التقييم عملية على درجة عالية من الأهمية. أما صعوبة التقييم فترجع إلى عوامل متعددة منها عدم وجود علاقة واضحة بين التدريب من ناحية والأداء من ناحية أخرى، وصعوبة فصل العوامل الأخرى المؤثرة على الأداء، وصعوبة قياس بعض الأهداف

التدريبية، وعدم وجود مقاييس كمية واضحة وبالرغم من كلذلك، فلا زالت عملية التقييم من الأنشطة التي يجب أن يوجه اليها الكثير من الاهتمام والبحوث.

كلمة عامة:

لا شك أن القارئ قد لاحظ الاختصار الشديد الذي عرض به موضوع التدريب والتنمية. ليس هذا فحسب بل أن هناك الكثير من الموضوعات الأخرى المرتبطة بالتدريب والتنمية والتي كان يجب التعرض إليها مثل مسؤولية الدولة تجاه التدريب والتنمية، واستخدامات التدريب والتنمية في تخطيط القوى العاملة المطلوبة، وعلاقة التدريب والتنمية بتخطيط الكوادر، ودور التدريب والتنمية في الإصلاح الوظيفي... إلى غير ذلك من الموضوعات الهامة. إلا أن العذر الوحيد الذي استطيع أن أقدمه للقارئ هو أن هذه التغطية الشاملة تحتاج إلى كتاب منفصل في حد ذاته. لذلك فإن الهدف الأساسي من كتابة هذا الباب هو مجرد ايضاح الدور الذي تلعبه القدرات في التأثير على الأداء وليس التعرض للتدريب والتنمية كقضية في حد ذاتها.

النفوذ والقوة في المنظمات:

يتطلع الناس إلى التحكم في أفعال الاخرين من أجل النجاح في التأثير على سلوكهم. هذه حقيقة أساسية في حياة المنظمات. أن الجهود المبذولة بغرض التحكم في الآخرين تعتبر ظاهرة شائعة على كل المستويات في المنظمات المعاصرة.

ونظراً للأهمية القصوى لموضوع النفوذ والقوة والمناورات السياسية في تسيير المنظمات، سنخصص هذا الفصل لدراسة طبيعة عمليات النفوذ الاجتماعي التي تحدث بداخلها، والانشطة والعمليات السياسية للذين يتطلعون إلى الحصلو على القوة والنفوذ. وسنلقي نظرة خاصة على الأساليب (التكتيكات) Tactics المستخدمة في التأثير على الآخرين داخل المنظمات. ونتعرض بعد ذلك إلى كيفية الحصول على القوة، سواء على المستوى الفردي أو الجماعي (الوحدات التنظيمية

الفرعية)، وكيفية استخدم هذه القوة. وسنقوم أيضاً بدراسة ماهية الآليات السياسية المستخدمة في الاستحواذ على القوة وأوقات حدوثها أو ظهورها. وسنهتم أيضاً بالمظاهر الأخلاقية للقوة والمناورات السياسية، لأن هذه الأنشطة بطبيعتها يمكن التشكك في مدى التزامها بالمثل والقواعد الأخلاقية نظراً لاحتمال تأثيرها الضار على الآخرين.

ولكن قبل التعرض لهذه الموضوعات، سنقوم أولاً بالتمييز بين مفاهيم النفوذ والقوة والمناورات السياسية ومفهوم آخر يرتبط بها وهو مفهوم التحكم داخل المنظمات.

النفوذ والقوة والمناورات السياسية كآليات للتحكم في المنظمات:

تخيل أنك تشرف على مجموعة من المرؤوسين يعملون في مشروع جديد ومهم للشركة التي تعمل بها، وغداً هو اليوم المفروض أن تعرض فيه هذا المشروع على المسؤولين في الشركة، ولن هذا المشروتع لم ينتهي تماماً بعد، ويمكن الانتهاء منه الليلة وتقديمه في الموعد المحدد غداً، لو عمل بعض من مرءوسيك عدة ساعات إضافية. ولكن، لسوء الحظ، تقييم الشركة الليلة احتفال بمناسبة أحد الأعياد القومية يحضره الجميع، ولا يرغب بالتالي أحد من معاونيك العمل حتى فترة متأخرة من الليل حتى لا يضيع عليه حضور الحفل. والسؤال هو: ما الذي يمكنك أن تفعله لإقناع بعض مرءوسيك بالبقاء بعد انتهاء اليوم الرسمية وإنجاز العمل المطلوب؟ أو بعبارة أخرى كيف ستحاول التأثير على سلوكهم؟

يشير مفهوم النفوذ (التأثير) الاجتماعي Social Influence إلى محاولات (سواء ناجحة أو فاشلة) للتأثير على الغير بالشكل المرغوب ويمكن القول إننا قد أثرنا على أحد طالما أن سلوكنا كان له تأثير ـ ولو غير مقصود ـ على هذا الشخص، هذا بالرغم من عدم نجاحنا في التأثير عليه بشكل معين، فهذا لا يعني أننا لم نؤثر على هذا الشخص، بل يعني فقط أننا لم نؤثر عليه بنجاح.

لتوضيح هذه النقطة نعود إلى مثالنا السابق الخاص بالمشرف الذي يحتاج إلى بعض مرءوسيه للعمل ساعات إضافية في ليلة احتفال. تختيل أنك أحد المرؤوسين ورأيت رئيسكم يخرج من مكتبه، وتتوقع أنت أنه سيطلب منك العمل فترة إضافية وانت لا تبغي ذلك، فتترك مكتبك بسرعة على أمل أنه لم يراك وأنه سيطلب من زميل آخر البقاء فترة إضافية بدلاً منك هل يمكن القول في هذه الحالة أن رئيسك آثر عليك؟ بالرغم من عدم نجاح الرئيس في تحقيق مراده لكنه بالتأكيد آثر عليك بشكل واضح (فبعد كل شيء لقد هربت منه)، ويمكن القول بالتالي أن رئيسك آثر عليك، ولكن لا يمكن أن نقول انه تحكم في سلوكك. ولكي يكون ذلك صحيحاً فإنه يجب على الرئيس احداث النتائج المرغوبة، وهي في هذه الحالة، إقناعك بالبقاء والعمل ساعات إضافية فإذا نجحت محاولة التأثير هذه، يمكن القول أن الرئيس قد مارس السيطرة عليك أو التحكم فيك.

ومن ثم يشير مفهوم التحكم (السيطرة) Control، إلى تلك المحاولات التي تهدف إلى التأثير في الغير والتي تؤدي إلى النتائج المرغوبة. فلو كان رئيسك قد بحث عنك ـ حين حاولت التهرب منه ـ وعثر عليك وشرح لك الموقف، وجعلك تبقى وتعمل فترة إضافية (كما كانت رغبته في أن تفعل)، لأمكننا القول بأنه نجح في التاثير عليك ـ أي أنه تحكم فيك. ويمثل بالتالي التأثير (النفوذ) الاجتماعي الأفعال التي تحدث تأثيراً ـ أيا كان على الغير، بينما يمثل التحكم فقط تلك الأفعال التي تؤتي بالنتائج المرغوبة (أنظر إلى الجزء الأيمن من الشكل (1) الذي يوضح الفرق بين المفهومين).

السؤال الذي يفرض نفسه هو ما هي علاقة القوة والمناورات السياسية بما سبق؟ أو بعبارة أخرى ما هي صلتها بالنفوذ (التأثير) والتحكم يوضح الجزء الأوسط من الشكل (1) أن مفهوم القوة Power يشر إلى امكانية Potential للتحكم في الغير، أو أن القوة بالتحديد هي القدرة على تغيير سلوك أو اتجاهات الغير بالشكل المرغوب. ويختلف بالتالي مفهوم النفوذ الاجتماعي (أفعال تؤثر في الغير) عن مفهوم القوة المرتبطة به والذي يشير إلى القدرة على إحداث التأثير

المطلوب في الآخرين. وهناك عدة مصادر مختلفة لتلك القوة كما سنرى في الأجزاء المقبلة. ويكفي الآن أن نفترض أن الرئيس يملك سلطة (قوة) عليك بحكم امكانية حصوله على موارد هامة تمكنه من مكافأتك بمنحك علاوات مثلاً (في مقابل تعاونك معه) أو معاقبتك بتخطيك في الترقية مثلاً (إذا امتنعت عن التعاون معه) وتمثل هذه الأمثلة التصرفات الرسمية التي يمكن أن يحاول المشرف استخدامها للتأثير فيك بنجاح، فهي مصادر القوة.

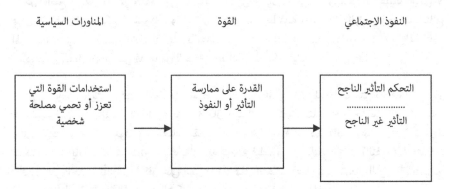

النفوذ الاجتماعي
القوة
المناورات السياسية
التحكم التأثير الناجح
التأثير غير الناجح
القدرة على ممارسة التأثير أو النفوذ
استخدامات القوة التي تعزز أو تحمي مصلحة شخصية

شكل (1) العلاقة بين النفوذ الاجتماعي والتحكم والقوة والناورات السياسية

إن الناس حين ممارستهم للقوة يأخذون غالباً في الحسبان مصالحهم الشخصية فالمشرف، في مثالنا السابق، يمكن أن يكون مدفوعاً بمصلحته في تعزيز أو على الأقل حماية مستقبله الوظيفي بالانتهاء من المشروع المكلف به في الوقت المحدد. هذا لا يعني أنه يمكنه أيضاً أن يقدر قيمة هذا المشروع للشركة التي يعمل بها، ولكننا نقصد أن أفعاله مدفوعة أساساً بمصالحه الشخصية. وبالتالي فالقيام بأفعال لإشباع هذه المصالح يعكس مفهوم المناورات السياسية التنظيمية Organizational Politics (انظر الجزء الأيسر من الشكل (1)) ويشير هذا التعبير إلى استخدامات القوة التي تعزز أو تحمى المصالح الشخصية للفرد أو الجماعات التي ينتمي إليها وسنقوم لاحقاً خلال هذا الفصل، بوصف أنواع عديدة من التصرفات السياسية، فالناس يستخدمون قوتهم بطرق عديدة لحماية مصالحهم الخاصة في المنظمات.

والآن بعد أن وضحنا دور كل من النفوذ والقوة والمناورات السياسية كآليات للتحكم في الآخرين داخل المنظمات، نكون قد مهدنا الطريق لإلقاء نظرة أكثر عمقاً على عملية النفوذ أو التأثير الاجتماعي في المنظمات وسنقوم، في الجزء التالي، بدراسة أساليب النفوذ أو التأثير الاجتماعي الأكثر شيوعاً واستخداماً. وأيضاً استعراض بعض وسائل استخدام النفوذ في المنظمات.

النفوذ الاجتماعي: التاثير في الآخرين:

ما هي وسائلك في حث الآخرين على تحقيق غايتك؟ هل أنت صريح وتقول مباشرة للناس ماذا تريد منهم؟ أم أنك تميل إلى تأكيد لماذا يجب عليهم أن ينفذوا ما تريد وما الذي سيحدث لهم إذا لامتنعوا؟ هل أسلوبك هو اولضغط على الناس، أم أنك تتود إليهم لإقناعهم بعمل ما تريد؟ أيا كانت إجابتك فإنك تواجه تحدي النفوذ الاجتماعي. جعل الغير يفعل ما تريد.

تعتبر مهارة التأثير في الآخرين ـ كما هو معروف ـ من صفات المدريرين الناجحين، وسنقوم فيما يلي بتلخيص أساليب التأثير الاجتماعي المستخدمة، واستعراض متى وكيف يمارس الناس نفوذهم على الآخرين.

وسائل (تكتيكات) التأثير الاجتماعي:

قام الباحثون في السنوات الأخيرة، بدراسة الوسائل التي يستخدمها الناس في التأثير على بعضهم البعض داخل المنظمات. وقد قاموا بالتحديد بسؤال الناس في اماكن عملهم عن كيفية جعل الآخرين (رؤساء، زملاء، مرؤوسين) يفعلون المطلوب منهم. وقد اكتشف يوكل **Yukl** وفالب **Falbe** في دراسة حديثة وجود ثمانية وسائل رئيسية مستخدم في هذا الصدد. ويلخص الجدول هذه الوسائل ويعرفها بإيجاز وتعتبر بعض الوسائل أكثر شيوعا من غيرها، وهي معروضة بترتيب تنازلي من الأكثر إلى الأقل استخداماً. ويلاحظ أن الأساليب المفتوحة التي تعتمد أكثر على التشاور وتبادل الرأي تستخدم بمعدل اكبر من الوسائل المعتمدة أكثر على الإكراه أو القسر أو الضغط.

هذا وقد وجد الباحثان فروق ثانوية في ترتيب وسائل التأثير المستخدمة كدالة لمن يراد التأثير فيه. بمعنى أن الناس لم يميزوا بين زملائهم ورؤسائهم ومرؤسيهم فيما يتعلق بالوسائل التأثير الاجتماعي المستخدمة، فمهما كانت وسائل التأثير على يميلون إلى استخدامها، فإنهم يميلون أيضاً عموما إلى استخدامها في التأثير على الآخرين بغض النظر عن مستواهم الوظيفي أو التنظيمي.

الاستخدام العلمي لوسائل التأثير:

إن النتائج السابقة لا تعني بالضرورة أن كل الناس سيستخدمون دائماً نفس وسائل التأثير. وتوضح الدراسات في الواقع أن الناس يأخذون في الحسبان، عند اختيارهم لوسيلة التأثير، رد الفعل المتوقع للشخص المؤثر فيه. وتشير نتائج الأبحاث بالتحديد إلى أن الناس عند محاولة التأثير في رؤسائهم يستخدمون تكتيك مناشدة (اللجوء إلى) المستويات العليا أو الصعود إلى أعلى Upward Appeals وتكتيك التملق Ingratiating عند اعتقادهم بميل رؤسائهم إلى الديكتاتورية والتحكم بدرجة عالية. ويستخدمون تكتيك الإقناع العقلاني أو المنطقي Rational Persuasion عند الاعتقاد بتمتع رؤسائهم بدرجة عالية من المشاركة والديموقراطية. وتعتبر ه>ه النتائج منطقية إذا توصرنا أن التأثير أو النفوذ يحتاج إلى ممارسة درجة عالية من الإكراه أو الضغط (مثل اللجوء إلى الرئيس الأعلى) في حالة التأثير في رئيس مباشر ديكتاتوري أو أتوقراطي، بينما يكون الرئيس الديمقراطي أكثر استجابة للتفهم من خلال مناقشة عقلانية أو حجة منطقية. وتأتي أهمية هذه النتائج، راغم أنها ما زالت تجريبية وغير نهائية، من كونها توضح أن استخدام الناس للقوة لا يتوقف فقط ببساطة على خصائصهم الشخصية، ولكن يتوقف أيضاً على معتقداتهم بشأن الآثار أو النتائج المحتلمة لتصرفاتهم أو أفعالهم.

الرقم	الأسلوب (التكتيك)	الوصف
1	التشاور Consultation	طلب المشاركة في اتخاذ القرارات في التخطيط للتغيير.
2	الإقناع العقلاني Rational Persuasion	استخدام الحقائق والحجج المنطقية لإقناع الغير أن النتيجة المرغوبة ستتحقق.
3	اللعب على المشاعر Inspirational Appeals	اثارة حماس الآخرين باللجوء إلى القيم والمثل التي يؤمنون بها.
4	التملق Ingratiating	جعل الغير يفعل ما تريد بتملقه والتودد إليه.
5	التحالق Coalition	التماس مساعدة أو تدعيم أو مساندة الآخرين في إقناع الغير.
6	الضغط Pressure	الحصول على الطاعة عن طريق التهديد أو الوعيد أو الإكراه.
7	اللجوء إلى المستويات الأعلى Upward Appeals	الحصول على موافقة أو تأييد المستويات الأعلى بشأن الطلب (التأثير) المرغوب.
8	التبادل Exchange	تبادل المصلحة بمعنى وعد الغير بمكافأة في مقابل تنفيذ ما هو مطلوب منه.

جدول (1) اساليب التأثير (النفوذ) الاجتماعي الأكثر شيوعاً

إن وسائل التأثير التي ناقشناها، في تصورنا، يمكن أن تكون فعالة في تغيير سلوك الناس. وهذه الوسائل، في اعتقادنا، يمكن أن تكون نموذجية في إظهار السلوك الملائم للذات والمساعدة أيضاً للمنظمة. فالبرجوع إلى المثال السابق الخاص بالوقت الإضافي. نجد أن عملك ساعات إضافية سيكون بالتأكيد في صالح رئيسك والمنظمة ككل. وستستفيد أنت أيضاً بعملك هذا لأنك ساهمت في إخراج الأوقات في إتمام المهمة (فالمدير الناجح، بالطبع، سيتذكر لكل هذا ويكافئك على مجهودك). وبالرغم من ذلك، فالناس يمكن أن يواجهوا عدة مضادر متنازعة أو متعارضة من النفوذ الاجتماعي (وقد يكون بعضها سلبياً) نظراً لاننا نشارك وننتمي عادة للعديد من الجماعات الاجتماعية المختلفة. فقد أوضحت دراسة حديثة أجريت في الولايات المتحدة مثلاً، أن تعاطي الشباب الكحوليات والسجائر والمخدرات يرتبط مباشرة بمدى تأثرهم بالزملاء أو الأصدقاء Peers. هذا لأنهم يتأثرون مباشرة بالأصدقاء الذين يضغطون عليهم لاستعمال هذه المواد، وأيضاً لاعتقادهم المسبق بأن الزملاء في غالبيتهم يستخدمونها. ويتضح إذا أن نفوذ الزملاء أو الأصدقاء يمكن أن يكون له آثار قوية على السلوك.

هذا ويتساوى الشباب من الجنسين، وفقا لهذه الدراسة، في قابلية التأثير الاجتماعي من الزملاء أو الأصدقاء. وتتمشى هذه النتائج مع ما أوضحته دراسات إضافية مع الكبار (البالغين) في إطار المنظمات، حيث لم تظهر اختلافات في كيفية استخدام كل من الرجال والنساء للنفوذ الاجتماعي، ولا في أنواع اساليب التأثير التي يخضع أو يستجيب لها كل منها. وتشير مثل هذه النتائج إلى إمكانية وجود اتفاق عام تقريباً حول مجموعة المعتقدات التي تشكل أو توضح ماهية الطرق المناسبة او الملائمة للتأثير في الآخرين (بمعنى وجود معايير أو قواعد سلوكية عامة متفق عليها). وبصفة عامة، هناك اعتقاد باعتبار الأساليب المفتوحة التي تعتمد على تبادل الراي والتشاور أكثر مناسبة أو ملائمة من تلك التي تستخدم الضغط أو الإكراه. وبالتالي حتى لو نزع بعض اعضاء الجنسين إلى استخدام أساليب أو تكتيكات في التأثير تختلف عن تلك التي يستعملها الجنس الاخر، فإن وجود مثل هذه القواعد السلوكية المرعية في استخدام التاثير بطريقة ملائمة، يمكن أن يبطل

أي ميل أو نزعة للتأثير في الاخرين مبنية على اساس الاختلافات الجنسية وحدها. ويثير الاهتمام أيضاً احتمال وجود اختلافات في اساليب التأثير المستخدمة وفقا للعوامل الثقافية والحضارية (الاختلاف بين مجتمع وآخر في أساليب التأثير الاجتماعي المستخدمة مثلاً).

يتضح من العرض السابق أنه نقصنا الكثير لمعرفة كيف ومتى يحاول الناس التأثير في بعضهم البعض وسيوجه اهتمامنا الآن إلى أحد المحددات الرئيسية للتأثير الاجتماعي وهو القوة في أن قدرة شخص على التحكم في سلوك غيره تتوقف على مدى امتلاكه للقوة في مواجهة الاخر.

القوة الفردية: أساس التأثير Individual Power:

إن القوة - كما سبق تعريفها - تتضمن إمكانية التأثير في الآخرين، سواء ما يتعلق بتصرفاتهم أو أفعالهم أو مشاعرهم تجاه شيء معين. وسنهتم، فيما يلي، بالأسس الفردية للقوة: وهي تلك العوامل التي تعطي الناس القدرة على السيطرة أو التحكم في الآخرين بنجاح. إن البعض يتباهى بامتلاكه قدرة أكبر من غيره على التأثير في الآخرين بنجاح، هذه حقيقة من واقع الحاية في المنظمات لا يمكن إغفالها، لأن توزيع القوة في المنظمات لا يتسم بالتساوي Distribution of Power، ما السبب في هذا؟ وما هي مصادر القوة المتاحة للناس؟ سنحاول الإجابة على هذه الأسئلة في السطور التالية.

الأسس الخمس للقوة الفردية:

قام فرنش French ورافن Raven في دراسة (1959) أصبحت منذ فترة كلاسيكية، بالتميز بين خمس أسس للقوة الاجتماعية مشتقة من الخصائص المملوكة للأفراد ومن طبيعة العلاقات بين من يملكون القوة ومن لا يملكونها. ويمكن الرجوع إلى الملخص المقدم في جدول (2) أثناء قيامنا بوصف كل مصدر من مصادر القوة في العلاقات بين الأشخاص.

1. قوة العائد: Reward Power التحكم في موارد ثمينة

تصور إداري يشرف على عشرين فرد في احد اقسام منظمة كبيرة. ويتمتع هذا الرئيس بحكم وظيفته بحرية كبيرة في تعيين مرؤسيه، وتحديد مقدار العلاوات, والتحكم في إسناد مهام العمل، وتحضير الموازنات الخاصة بمشاريع القسم. لا توجد قطعاً أية صعوبة في تخيل أن هذا النوع من التحكم في موارد مرغوبة يكون مصدر قوة لهذا المشرف، فتحت تصرفه وأمرته موارد (وظائف، مهام، أموال) مطلوبة ومرغوبة جداً. إن الأفراد الذين يملكون القدرة على التحكم في العوائد التي يحل عليها الآخرين يقال أن لديهم قوة العائدة عليهم. فكثيراً ما يستحيب المرؤوسين لرغبات رؤسائهم أملاً أو طمعاً في الحصول على العوائق القيمة أو الثمينة التي يتحكمون فيها.

إن العوائد أو الكافآت التي يتحكم فيها المدير قد تكون مملوسة مثل العلاوات والترقيات والإجازات، أو غير ملموسة مثل الثناء أو الإطراء والتقدير والإشادة، إن وجود هذه الموارد تحت تصرف المشرف، في كلتا الحالتين، غالباً ما يكون مصدر للقوة الفردية في المنظمات. ويدم ذلك الرؤساء يشكون احياناً من ضعفهم وانعدام قوتهم (سلطتهم) في مواجهة مرؤوسيهم نتيجة لعدم تحكمهم في أي من الموارد الهامة في المنظمة وتنطبق الحالة السابقة بصفة خاصة على مشرفي الخط الأول (الإدارة الدنيا)، الذي كثيراً ما يجدون أنفسهم مسؤولين عن تصرفات وأفعال الآخرين (المرؤوسين)، وفي نفس الوقت محرومين من استخدام حوافز يمكن منحها لمرؤسيهم، مقابل انصياعهم للتعليمات وتنفيذهم للأوامر. ويجب ان لا نغفل (وفقاً لمناقشتنا لمفاهيم للتدعيم وقيمة أو جاذبية العوائد التي تناولناها في فصول سابقة)، أن الموارد يمكن أن تعزز أو تدعم قوة الفرد فقط بناءاً على مدى الرغبة الحقيقية للمتلقي في الحصول عليها ويمكن أن نتذكر أيضاً (من فصل سابق) أن العائد يجب أن يرتبط ارتباطا وثيقاً بالسلوك المرغوب لكي ننجح في تغيير سلوك الناس. وبالتالي إذا كان التحكم في موارد هامة يمكن أن يدعم اساس قوة المدير، فعليه

إدارتها بدقة وكما ينبغي حتى لا تفقد فعاليتها. فمن الواضح أن هناك اختلاف بين وجود موارد تحت تصرفنا وبين استخدامنا المناسب أو الملائم لها.

نمط القوة	وصف الأساس
قوة العائد	تستند إلى القدرة على التحكم في عوائد وموارد تنظيمية ثمينة (مثل العلاوات، والمكافآت، والترقيات).
قوة الإكراه أو القسر	تستند على التحكم في عقوبات مختلفة (مثل الإنذارات الرسمية، الوقوف عن العمل، الخصم من المرتب).
قوة الشرعية	تستند على الاعتقاد بأن الفرد يملك سلطة معترف بها وتمكنه من السيطرة على الآخرين بحكم موقعه التنظيمي (مثل مدير يشغل منصب كبير في الإدارة العليا)
قوة الثقة أو المرجع	تستند على الود أو الصداقة أو الاحترام أو الإعجاب من قبل المرؤوس لحائز القوة (مثل الرئيس صديق حميم للمرؤوس)
قوة الخبرة أو المعرفة	تستند على الاعتقاد المقبول بامتلاك الفرد لمهارات أو قدرات مميزة أو نادرة أو قيمة (مثل طبيب اخصائي أو خبير معلومات).

جدول (2) الأسس الرئيسية الخمسة للقوة الفردية

2. قوة الإكراه أو الإجبار Coercive Power التحكم في العقوبات:

إن الرؤساء، بالإضافة إلى سيطرتهم على موارد مرغوبة، يتحكمون أيضاً في عقاب الآخرين. ويطلق على هذه القدرة قوة الإكراه أو الإجبار أو القسر. فيمكن

للمرؤوسين أن ينفذوا رغبات رئيسهم خوفاً من معاقبته لهم إذا لم يفعلوا. وتشمل العقوبات مثلاً الخصم من المرتب، الفصل، الإيقاف عن العمل بدون مرتب، الإنذارات الرسمية، مهام عمل غير محببة وغيرها. إن العقوبات لكي تكون فعالة كما هو الحال بالنسبة للمكافآت (قوة العائد) يجب أستخدامها كما ينبغي أن العقوبات (كما رأينا في فصل سابق)، يمكن أن تؤدي إلى آثار جانبية سلبية أو غير مرغوبة إذا كان هناك تضارب أو قسوة في تطبيقها ففي الحالات القصوى يمكن للعاملين أن يتمردوا أو يثوروا على مشرف يتصف بالقسوة الشديدة بالتكتل مع زملائهم (للاعتراض أو الاحتجاج على قراراته، أو بالاستقالة من وظائفهم). وعلى الرغم من ذلك تمثل القدرة على توقيع العقوبات مصدراً هاما للسلطة في المنظمات.

3. قوة الشرعية Legitimate Power السلطة التنظيمية المسلم بها:

ماذا يحدث لو علم تلميذ في المدرسة أن زميل له سيقوم باتخاذ القرارات الخاصة بإعطاء الدرجات النهائية للعام الدراسي؟ سنتوقع غالباً أن يقف أحد التلاميذ معترضا على ذلك وصانحا في نفس الوقت "من هو لكي يتخذ هذه القرارات"؟ إن التلميذ المعترض ـ في هذه الحالة ـ يقوم بتحدى شرعية سلطة او قوة التلميذ الآخر. من ناحية أخرى، لو أعلن مدرسة السفصل أنه سيقوم بنفسه بتحديد الدرجات النهائية، فلا نتوقع أعتراض من احد أن اخلاتف بين الوضعين يتعلق بشرعية القوة: الحق المعترف به للفرد في ممارسة سلطة على الآخرين بمقتضى المركز الذي يشغله في تسلسل الهرم التظيمي (الهيراركية التنظيمية) فيعترف التلاميذ بسلطة المدرسة المقبولة في تحديد درجاتهم (يملك المدرس القوة الشرعية في هذا الشأن)، وفي نفس الوقت يرفضون أن ينبذون سلطة زملائهم في اتخاذ نفس القرارات باعتبارها قوة (سلطة) غير شرعية.

ويستمد عادة هذا النمط من القوة شرعيته من المركز أو المنصب الرسمي الذي يشغله الفرد إن أعضاء المنظمات لديهم الاستعداد لقبول محاولات التأثير في سلوكهم التي تستمد على اساس المنصب الأعلى (تنفيذ أوامر شخص يشغل مركز

أعلى مثلاص) ولكن هذا لا يعني، أن الأفراد ذوي المناصب العليا يملكون الشرعية للسيطرة على كل أوجه سلوك الآخرين فيملك المديريون سلطة فقط على تلك المظاهر من سلوك الآخرين التي تقع في النطاق المقبول لمسئوليتهم التنظيمية. ففي حين أنه يمكن لسكرتيرة مثلاً، الاعتراف بشرعية سلطة رئيسها في أن يطلب ترتيب الملفات وتنظيم بريد المكتب، فإنها يمكن أن ترفض مطلب رئيسيها بكتابة واجب انبه على الآلة الكاتبة، باعتباره مطلبا غير شرعي.وبالمثال، يمكن لمدير مصنع أن يقبل سلطة نائب رئيس مجلس الإدارة لشؤون الإنتاج، الذي يطلب منه زيادة مخزون بعض المواد، ويرتاب في شرعية نفس الأمر إذا صدر من نائب رئيس مجلس الإدارة للشؤون المالية. إن النقطة الرئيسية هنا هي أن السلطة الشرعية تنطبق فقط على تلك المجالات من السلوك التي تسلم بشرعيتها وتقبلها الأطراف المعنية بها.

4. قوة المرجع أو الثقة Referent Power التحكم المستند على الاعجاب:

"أشرف أن معرفتنا تعود إلى أكثر من عشرين سنة في هذه الشركة، وانت من اعز اصدقائي، إنني في مأزق الآن واحتاج فعلاً إلى مساعدتك فالموضوع هو ..." من الواضح أن المتحدث يمهد لنفسه الطريق للحصول على معاونة أشرف، وهو يعتمد في ذلك على علاقته الطويلة وصداقته الحميمة معه. ومن واقع إخلاصه لهذه العلاقة وتقديره واعجابه بالشخص الآخر، سيشعر أشرف غالباً بضرورة الموافقة على كل ما يطلب منه. فالأفراد الذين يحظون باحترام وحب الآخرين يكون استطاعتهم تعديل تصرفات الآخرين كي تتوافق مع توجيهاتهم. ويعرف هذا النمط من التاثير بقوة الثقة أو المرجع. إن الذين يملكون الصفات الحميدة والمرغوبة ويتمتعون بالسيرة الحسنة والسمعة الطيبة من قدامى المديرين، قد يجدون أن لديهم قوة ثقة على غيرهم من صغار.

ويطلق على البعد الرئيسي الثاني القوة الشخصية أو الذاتية Personal Power ويشير إلى القوة التي يمتلكها شخص والناتجة من صفاته وخصائصه الفردية. وهو يشمل اثنتين من مصادر القوة السابقة وهي: قوة الخبرة وقوة الثقة أو

المرجع، بالإضافة إلى مصدرين آخرين هوما قوة الإقناع وقوة الجاذبية. وتشير قوة الإقناع Persuasive Power إلى القدرة أو المهارة في استخدام الحقائق والمنطق بطريقة مقنعة وبالمقارنة فإن قوة الجاذبية Charisma، مفهوم محير نوعا ما، وهو يشير إلى موقف أو حالة من الحماس والتفاؤل، التي تنتقل بصورة معدية بين الناس تجاه حائز القوة (جدير بالذكر أن هذا التعريف ينطبق أيضاً على إحدى خصائص القائد، والتي يطلق عليها القوة أو السلطة الزعامية أو البطولية أو حتى الكارزمية).

يتضح من العرض السابق، إن هذا المدخل الحديث للقوة الفردية أكثر شمولاً وتعقيدا من وجهة النظر السابقة التي قدمها فرنش French ورافن منذ أكثر من ثلاثين سنة. وبالرغم من الإمكانيات الواعدة لهذا الدراسة، وفقاً للدلائل والمؤشرات الأولية، في تقديم نظرة دقيقة وكاملة عن أنواع القوة التي توجد في المنظمات، إلا أنه من السابق للأوان القول أنها فعلاً أفضل من الدراسة الأصلية السابقة. فإذا تعمقنا أكثر في هذه الدراسة من الناحية المفاهمية يمكن ملاحظة وجود تشابه أو تماثل بين مفهومي قوة الثقة وقوة الجاذبية، وكذلك بين مفهومي قوة الخبرة وقوة المعلومات، وإننا في حاجة إلى التمييز بين هذه المفاهيم بطريقة أكثر وضوحاً وبالمثل نجد أيضاً أن هناك صلة وثيقة بين قوة المركز وقوة الشرعية. ونظراً لأهمية هذه المفاهيم في تفسير السلوك داخل المنظمات، فإن الجهود المبذولة حالياً لتوضيح الفروق بين المصادر المختلفة للقوة تعتبر مهمة ومجدية. ونتوقع في المستقبل القريب، أن تزداد الصورة وضوحاً بالنسبة لهذه المفاهيم، وإن يتم التحقق من قيمة المداخل المختلفة في تفهم مصادر القوة الفردية، مع النشاط المستمر للباحثين في دراسة هذا الموضوع.

القوة الفردية: كيف تستخدم؟

إن التداخل أو التشابك في طرق استخدام القوة واسع الانتشار بين الناس، ويمثل هذا الواقع أحد الاعتبارات التي تواجه الباحثين في سعيهم للتمييز بين المصادر المختلفة للقوة الفردية. فمن المعترف به وجود ارتباط حقيقي ووثيق بين

المصادر المختلفة لقوة، وبالتالي لا يتم إلا أحيانا، استخدام مصدر وحيد فقط للقوة. فمثلاً كلما زاد اعتماد على قوة الإكراه كلما قل حب وإعجاب الناس به، وبالتالي تقل يده قوة الثقة أو المرجع. وكذلك المدير الذي يمتلك قوة الخبرة غالباً ما يكون لديه أيضاً قوة الشرعية،لأن الآخرين يقبلون التوجيهات والإرشادات الصادرة منه داخل نطاق اختصاصه وخبرته. وبالإضافة إلى ذلك كلما كان المركز التنظيمي للفرد أعلى، كلما زادت قوته الشرعية التي تكون عادة مصحوبة بزيادة الفرص أمامه في استخدام المكافآت والعقوبات (قوة العائد وقوة الإكراه). ومن الواضح إذا أنه لا يجب النظر إلى المصادر المختلفة للقوة باعتبارها منفصلة ومميزة تماماً عن بعضها البعض، فهي تستخدم في الغالب مع بعضها في مجموعات مختلفة أو متنوعة.

وهنا يجب أن نتساءل عن مصادر القوة التي يفضل الناس استخدامها؟ بالرغم من أن الإجابة قد تبدو معقدة بعض الشيء إلا أن الأبحاث أوضحت ان الناس يفضلون استخدام قوة الخبرة أكثر ما يمكن من قوة الإكراه أقل ما يمكن. وتنطبق هذه النتائج فقط على مصادر القوة التي عرفناها حتى الآن. ولكن إذا وسعنا المسألة وطلبنا من الناس أن يقوموا بتحديد مصادر القوة التي يملكونها فعلاً في وظائفهم أو أعمالهم، ستظهر لنا صورة أخرى غاية في الإثارة. ففي دراسة قام بها ستيوارت Stewart سنة 1989، حيث طلب من 216 رئيس شركة في الولايات المتحدة، القيام بترتيب مجموعة محددة من مصادر القوة تنازليا على حسب اهميتها، ظهر أن الرؤساء في الإدارة العليا لا يعتمدون فقط على نطاق واسع من القوى، ولكنهم أيضاً يؤسسون هذه القوى على التدعيم والمساندة من قبل أفراد يحتلون مواقع ومراكز عديدة ومختلفة داخل المنظمات التي يعملون فيها.

ومن ناحية أخرى، لا تأخذ مثل هذه النتائج في الاعتبار محدد مهم ومحتمل في استخدام القوة إلا وهو شخصية الفرد. فالاختلافات في الشخصية بين الناس تجعلهم أكثر قابلية لاستخدام القوة بطرق مختلفة وتعتبر خاصية الميكافيلية ـ Machiavellianism مثالاً على ذلك فالذين يمتلكون هذه الخاصية

بدرجة عالية، يميلون إلى استخدام أي قوة تكون تحت تصرفهم في التلاعب بالآخرين.

وبالرغم من إمكانية وجود اختلافات بين الأفراد فيما يتعلق بالقوة، نجد أن بعض العوامل الموقفية يمكن أن يكون لها تأثير كبيراً على استخدام الأساليب أو التكتيكات المختلفة للقوة. أحد هذه العوامل يتعلق بالهدف من محاولات التاثير، بمعنى من الذي نقوم بالتأثير فيه. فنجد مثلاً أنه بالرغم من النزعة إلى استخدام أشكال عديدة من القوة للتاثير في المرؤوسين، أوصحت الأبحاث أن الشكل المفضل للتاثير في الزملاء والرؤساء هو قوة الخبرة. فمن الطبيعي أن الاستناد إلى الخبرة كأساس لترير محاولة للتأثير، يكون في جميع الأحوال تقريباً أكثر مناسبة أو ملائمة لإقناع الآخرين والحصول على موافقتهم. ونجد في المقابل أن أساليب الإكراه تكون منبوذة وغير مقبولة بصفة عامة، وغير ملائمة بصفة خاصة في محاولة التأثير على شخص عالي الالمركز أو المنصب (في مرتبة أعلى) فيجب الحذر عند محاولة التأثير في الرؤساء نظراً للقوة المضادة التي يملكونها. فعند محاولة التأثير في شخص يعتقد عدم وجود قوة تحت تصرفه، فإن الخوف من رده أو انتقامه لا يقلق. ولكن حين التعامل مع شخص يمتلك قدراً كبيراً من القوة فلا يسع المرء إلا مطاوعة ومسايرة هذا الشخص الأقوى.

ولكن الموقف يزداد تعقيداً في الواقع إذا أخذنا في الاعتبار، أنه يمكن لشخص أن يمتلك قوة أكبر من زاوية معينة (بعد معين)، وفي نفس الوقت يمتلك شخص آخر قوة أكبر من زاوية آخرى (بعد آخر). ويوضح ذلك مثلاً حالة إحدى السكرتيرات (مديرة مكتب) التي أصبحت تمتلك قوة نتيجة لطول مدة عملها في الشركة، فقد تعلمت كل خبايا العمل وتستطيع إذا أرادت أن تنجز الأعمال (تمشي الشغل) لرئيسها، يغوص في مستنقع التعقيدات البيروقراطية. إن خبرتها أو معرفتها هذه تعطيها إحساس كبير القوة على الاخرين. فرغم أنها تفتقر للقوة الشرعية التي يتمتع بها رئيسها التنفيذي، إلا أن خبرتها هذه يمكن أن تمثل مصدراً هاماً للقوة المضادة على الذين يملكون قوة أكثر رسمية. ويعتبر، لهذا السبب، قيام

المدير بتهديد سكرتيرته أو إكراهها بأي وسيلة، تصرف غير حكيم. وفي المقابل إن إساءة استخدام السكرتيرة لقوتها بتجاهل مطلبا شرعياً لرئيسها (أن تنقول له مثلاً: أفعل ذلك بنفسك)، يعتبر بالتأكيد تصرف غير حكيم أيضاً ومن الطبيعي أن هذا العصيان يمكن أن يدفع الرئيس إلى اختبار حدود قواه الإكراهية، ويقع الطرفان، نتيجة لذلك، في مأزق. فكل طرف يملك بعض القوة على الطرف الآخر، ويكون بالتالي غير راغب في استخدامه. ويميل الناس، في مثل هذه الظروف المألوفة في المنظمات إلى تقييد اختلال التوازن في بدائل التأثير والتعاون مع بعضهم البعض.

ويوجد عامل آخر هام في تحديد كيفية استخدام للقوة، يجب أن نشير إليه، وهو مواجهة أزمة من عدمه بمعنى هل يستخدم الناس القوة بنفس الطريقة حين مواجهة موقف طارئ أو مشكلة خطيرة، وحين التعامل مع المسائل والمساكل اليومية العادية؟ لقد أشارت دراسات حديثة إلى أن قادة الجماعات قد يستخدمون قواهم الرسمية بطرق مختلفة وفقاً لمواجهة الجماعة لأزمة من عدمه. فلقد اظهرت هذه الدراسات انه من المرجع استخدام قوة الخبرة وقوة الثقة أو المرجع في أوقات الازمات عن الأوقات أو المواقف العادية اليومية فالظاهر أنه عند حدوث أزمة يتم الاعتماد على مثل هذه القوى الرسمية في إنجاز الأعمال بينما لا تتطلب إدارة المواقف اليومية الاعتماد أو الاستناد إلى قوى رسمية. إذا ما الذي يفعله الرؤساء عند إدارة المواقف العادية؟ أوضحت الدراسة انهم يعتمدون، في مثل هذه الأحوال، على التشاور المفتوح مع مرؤوسيهم ويشير هذا إلى ميل المديرين إلى حل المشاكل بمناقشتها مع المرؤوسين وتبادجل الآراع بشأنها والاقتناع بالحجج المنطقية. إن استخدام هذا المدخل من قبل المديرين يعني أنهم يعاملون مرؤوسيهم معاملة الانداد وان يستعملون معهم قوتهم الرسمية المفترضة.

وتشير هذه النتائج إلى استنتاجات هامة تتعلق باستخدام القوة في المنظمات، اهمها وجود اختلاف بين امتلاك القوة واستخدامها فلا يعني وجود قوى معينة تحت تصرف المدير أنه سيتخدمها بطريقة آلية أو أوتوماتيكية. فقد يفضل

الرؤساء الاعتماد على الاتصالات المفتوحة ذات الاتجاهين (التشاور) مع مرؤوسيهم في المواقف اليومية، حيث يكون استخدام النفوذ أو القوة من قبلهم نوع من التزمت غير الضروري. ولكن حين يتطلب الأمر استخدام قوى أكثر رسمية ـ في مواجهة الأزمات ـ فلا ينفر الرؤساء من استخدام القوى التي تكون تحت تصرفهم. ومن المهم بالتالي أن تأخذ في الاعتبار، أنه من المرجح أن يعتمد استخدام الرؤساء للقوة على المواقف التي يوجهونها.

ويثير الاهتمام هذا الجانب من النتائج، الذي يشير إلى أن الطريقة المثلى أو النموذجية للتأثير في الآخرين (في المواقف اليومية العادية)، هي التشاور المفتوح معهم. فعند قيام المشرف بالتشاور مع أحد مرؤسيه، بمعنى ذلك انه يشركه معه في القوة، مع السماح بأن يكون له صوتا أو رأيا في كيفية أداء العمل. ويؤمن بعض الرؤساء بإعطاء المرؤوسين تماما الفرص في اتخاذ القرارات، وهذا يعني منحهم القوة، أو كما هو معروف "تمكينهم" (التمكين هنا بمعنى منح السلطة أو إعطاء الوقة (To empower

قوة الجماعة أو الوحدة الفرعية: المحددات الهيكلية:

تناول هذا الفصل حتى الآن، استخدامات القوة من قبل الأفراد ولكن استخدام القوة في المنظمات لا يقتصر فقط على الأفراد وحدهم (بصفتهم الفردية)، ولكن يشمل أيضاً الجماعات Groups. فتقسم المنظمات غالباً إلى وحدات فرعية Subunits وتكون كل وحدة مسؤولة عن وظيفة معينة، مثل المالية أو الموارد البشرية أو التسويق الخ ... وتحتاج هذه الأقسام الرسمية، المسؤولية عن مختلف الأنشطة التنظيمية إلى القوة، لن عملها يتطلب في كثير من الأحيان توجيه أنشطة وحدات أو جماعات أخرى داخل المنظمة. ما هي مصادر مثل هذه القوة؟ بأي الوسائل تستطيع الجماعات التنظيمية الرسمية أن تتحكم بنجاح في أفعال أو تصرفات الجماعات الأخرى؟ لقد تم اقتراح نموذجين نظريين للإجابة على هذه الأسئلة هما: نموذج تبعية الموارد Resource - de - pendency model،

ونموذج الخيارات الموقفية الاستراتيجية Strategic contingencies model. وسيساعدنا استعراض هذين النموذجين في التعرف على العوامل المسؤولية عن قوة الوحدات الفرعية (الجماعات الرسمية)، وفي وصف كيفية عملها.

نموذج تبعية الموارد: التحكم في موارد حرجة:

يسهل تصور المنظمة كمجموعة من الوحدات الفرعية التي تتبادل الموارد فيما بينها بصفة مستمرة. ونعني بذلك أن الوحدات التنظيمية يمكنها أن تعطي الوحدات الأخرى وتستلم منها في نفس الوقت، تلك الموارد القيمة الثمينة مثل الأموال والأفراد والعدد والمواد والمعلومات. وتعتبر هذه الموارد الحرجة ضرورية لنجاح المنظمات في اعمالها، إن الوحدات الفرعية المختلفة تعتمد غالباً على غيرها ف يالحصول على هذه الموارد. تصور مثلاً منظمة كبيرة تقوم بتنمية وإنتاج وبيع منتجاتها. فيقول قسم المبيعات بتوفير الموارد المالية التي تمكن قسم البحوث والتنمية من تقديم منتجات جديدة. وبالطبع لا يستطيع قسم البحوث تأدية عمله بفاعلية بدون الحصول على معلومات من قسم التسويق عن تفضيلات المستهلكين وإمكانياتهم المالية ورغباتهم في الشراء. ويجب أيضاً أن يقوم قسم الإنتاج بدوره في تصنيع المنتجات في الوقت المحدد، ولكن هذا يتوقف على مدى قدرة قسم المشتريات في توريد المواد الخام اللازمة وبالسعر، المقبلو من قسم المالية، الذي يسمح للمنظمة بتحقيق الربح من السهل إذا ملاحظة كيف تنهمك الوحدات التنظيمية الفرعية المختلفة في مجموعة معقدة من العلاقات المتبادلة فيما بينها. ويمكن القول أن وحدة فرعية تملك قوة على وحدة فرعية أخرى، وفقاً لمدى تحكم الأولى في الموارد التي تعتمد عليها الثانية. فالتحكم في الموارد يسمح لجماعات أن تؤثر بنجاح في تصرفات جماعات أخرى ويمكن اعتبار الجماعات التي تتحكم أكثر من غيرها في الموارد، أنها الأكثر قوة في المنظمة. وهذا الخلل في التوازن فما يتعلق بتبعية موارد، يحدث بصورة طبيعية وعادية فيالمنظمات فكلما زاد اعتماد جماعة على جماعة أخرى في الحصول على الموارد التي تحتاج إليها، كلما قلت قوتها.

ونلاحظ إذا أن نموذج تبعية الموارد يقترح أن قوة الوحدة الفرعية تعتمد على درجة تحكمها في الموارد التي تحتاجها وحدات فرعية أخرى ويعني هذا انه بالرغم من أن كل الوحدات الفرعية يمكن أن تخدم المنظمة بأي شكل من الأشكال (تساهم بشيء من الموارد)، فإن أكثرها قوة هي تلك الوحدات التي تساهم بأكثر الموارد أهمية. إن التحكم في الموارد التي تحتاج إليها الوحدات الأخرى، يضع الوحدة المعنية في موقف أفضل للمساومة على الموارد اللازمة لها.

ويتبع تلك الاستنتاجات سؤال هام: كيف تصبح بعض الوحدات الفرعية من البداية أكثر قوة من غيرها؟ بمعنى آخر لماذا يمكن لبعض الأقسام التحكم أثر في الموارد عند نشأة المنظمة؟ (في حالة المنظمة الوليدة) لقد قمت دراسةمثيرة قام بها بوكر Booker سنة 1989 إجابة على هذه الإسئلة فقد اشارت نتائج هذه الدراسة إلى وجود عاملين رئيسيين وراء مقدار القوة التي تمتلكها أي وحدة فرعية هما:

1. الفترة الزمنية التي تم فيها إنشاء المنظمة.
2. الخلفية المعرفية (التعليم، التجارب، الخبرة السابقة) للمنظم entrepreneur الذي أسس الشركة. ويقصد بالعامل الأول الأهمية النسبية وظائف المنظمة المختلفة في بداية عملها فكلما كان لوظيفة معينة أو مجال معين من مجالات عمل المنظمة أهمية قصوى في بداية حياتها، كلما كان لهذه الوظيفة أو هذا المجال قوة أكبر في سنوات لاحقة. فإذا كانت مثلاً وظيفة البحوث والتنمية حيوية في بداية عمل المنظمة (في بعض الصناعات)، سيكون قسم البحوث والتنمية أكثر قوة من الأقسام الأخرى، وسيستمر هذا الوضع لسنوات عديدة قادمة. وبالتالي فإن أهمية مجال نشاط المنظمة في وقت بداية عملها تحدد وتملى القوة النسبية لهذا المجال في سنوات لاحقة. أما بالنسبة للعامل الثاني فقد ظهر أيضاً، من هذه الدراسة أن أمكثر الوحدات التنظيمية قوة هي غالباً تلك التي تمثل مجال خبرة مؤسس المنظمة. فتميل مثلا أقسام المبيعات والتسويق إلى الاستحواذ على أكبر قدر من القوة، إذا كان المؤسسين خبراء في المبيعات والتسويق. لقد أبرزت هذه الدراسة حلقة هامة مفقودة، في تفهمنا لكيفية أحراز الوحدة الفرعية للقوة في المنظمات.

يتضح مما سبق، أن نموذج تبعية الموارد يقترح أن التحكم في موارد هامة وحيوية هو محدد رئيسي لقوة الوحدة الفرعية. ولكن كما سنقوم بتوضيحه فيما يلي، ليس التحكم في الموارد فقط هو الذي يملى أو يحدد القوة التنظيمية، ولكن أيضاً التحكم في الأنشطة التي تقوم بها الوحدات الفرعية الأخرى.

نموذج الخيارات الموقفية الاستراتيجية: التحكم من خلال التبعية:

يمكن أن نتوقع في شركة أن يكون قسم المحاسبة (المالية) مسؤول عن قبول أو رفض الاعتمادات المالية التي تطلبها الأقسام المختلفة. فإذا كان الحال كذلك، فتصرفات (أفعال) قسم المحاسبة ستؤثر تأثيراً كبيراً على انشطة الوحدات (الأقسام) الأخرى التي تعتمد على قراراته بمعنى أن عمليات الأقسام الأخرى تتوقف على ما يفعله قسم المحاسبة. وكلما استطاع قسم أن يتحكم بقراراته وتصرفاته في القوة النسبية لمختلف الأقسام، يقال أنه يتحكم في الخيارات الموقفية الاستراتيجية. فمثلاً إذا كان قسم المحاسبة يقر بصفة مستمرة طلبات الاعتماد المالية من قسم الإنتاج بينما يرفض مثل هذه الطلبات من قسم التسويق، ففإنه يجعل قسم الإنتاج أكثر قوة.

ولكن ما هو موقع الخيارات الموقفية الاستراتيجية داخل المنظمات؟ بمعنى ما هي الوحدات التي تتحكم في مثل هذه الخيارت داخل المنظمات؟ أوضحت بعض الدراسات أن قوة الوحدات الفرعية في التحكم في هذه الخيارات تختلف من صناعة إلى آخرى. فقد وجدت هذه الدراسات أن الأقسام الأكثر أهمية، أو تلك التي تلعب الدور الرئيسي في نجاح المنظمة هي التي تحكم في الخيارات الموقفية الاستراتيجية، وذلك في الشركات الناجحة ففي مجال صناعة المنتجات الغذائية مثلاً حيث يعتبر تنمية وبيع منجات جديدة امر حيوي وحرج، قامت الشركة الناجحة باعطاء التحكم في الخيارات الموقفية الاستراتيجية لقسمي البحوث والمبيعات. أما في مجال صناعة الحاويات، حيث يكون الالتزام بمواعيد تسليم منجات ذات جودة عالية محدد رئيسي في نجاح المنظمة، قامت الشركات الناجحة بوضع معظم سلطة (قوة) اتخاذ

القرار في قسمي المبيعات والإنتاج. وبالتالي نجد أن الشركات الناجحة تركز التحكم في الخيارات الموقفية الاستراتيجية، في تلك الوحدات التي تتحمل أكبر قدرة من المسئولية في نجاح المنظمة.

والسؤال الآن: ما هي العوامل التي تعطى الوحدات الفرعية التحكم في الخيارات المؤقفية الاستراتيجية؟ أوضحت الدراسات أن هناك عدة عوامل رئيسية تؤثر في هذا الموضوع.

أولاً: تزيد قوة تلك الوحدات الفرعية التي تساعد في تدنية (تقليل) درجات عدم التأكد التي تواجهها الوحدات الأخرى فيمن توقع سيطرة قسم معين على أكبر قدر من القوة في المنظمة، إذا كان بإمكانه توضيح الرؤية وإلقاء الضوء على المواقف غير المؤكدة (التي تتسم بعدم التأكد) والتي يمكن ان توجهها المنظمة وعلى ذلك يمكن توقع تغير ميزان القوة داخل المنظمة مع تغير الظروف التي تعمل فيها.

ثانياً: إن اكثر الوحدات الفرعية قوة هي تلك الوحدات التي تتمتع بدرجة عالية من التمركزية Centrality في المنظمة بمعنى تلك الوحدات التي تكون دائماً في المحور المركزي أو الرئيسي لعمل المنظمة. فتؤدي بعض الوحدات التنظيمية وظائف مركزية أكثر من نغيرها من الوحدات، التي تقوم بوظائف بعيدة عن المركز أو وظائف هامشية فنجد أنهيجب على معظم الأقسام أن تستشير أو ترجع إلى قسم المالية أو المحاسبة مثلاً قبل اتخاذ أي إجراء، ويضع هذا قسم المالية في مركز رئيسي داخل المنظمة وتصبح التمركزية عالية أيبضاً إذا كان لواجبات أو لأنشطة وحدة معينة تأثير مباشر على المنظمة فتوقف خطوط الإنتاج في مصنع للسيارات مثلاً، تكون نتائجه أخرط بكثير من توقف أنشطة بحوث السوق. إن الصلة الوثيقة بين الموقع المركزي لبعض الأقسام ونجاح المنظمة، تملى وتحدد القوة التي تمتلكها أو تسيطر عليها.

ثالثاً: تزيد سيطرة الوحدة التنظيمية على القوة حين تكون انشطتها غير قابلة للاستبدال او للاستعاضة، وكذلك غير قابلة للاستغناء عنها إذا استطاعت أي جماعة القيام بوظيفة معينة، فإن الوحدة المسؤولية عن هذه الوظيفة قد لا تكون بصفة خاصة قوية (أي أنها غالباً ما تكون ضعيفة) ففي المستشفى مثلا لا يمكن الاستغناء عن العاملين في قسم الجراحة مثلما يمكن الاستغناء عن العاملين في قسم الصيانة لأن هناك عدد اقل من العاملين الذي يملكون المهارات اللازمة للقيام بواجبات قسم الجراحة مقارنة بقسم الصيانة ولأنه يسهل استبدال بعض العاملين بآخرين سواء من داخل أو من خراج المنظمة، فالوحدات التي تتكون من أفراد يمكن الاستغناء عنهم واستبدالهم بآخرين بسهولة، تكون أقل الوحدات قوة (بمعنى أنها تسيطر على قدر قليل من القوة التنظيمية).

هذا وقد أوضحت عدة دراسات أن الوحدة الفرعية تزداد قوة كلما كان باستطاعتها أن تقلل عدم التأكد، ولكما شغلت موقعاً رئيسياً أو مركزياً وتدقق العمل. ولكما قامت بوظائف لا تستطيع الوحدات الأخرى القيام بها ويتضح مما سبق أن نموذج الخيارات الموقفية الاستراتيجية، يجب اعتباره مصدراً هاماً للمعلومات عن العوامل التي تؤثر على قوة الوحدات الفرعية داخل المنظمات.

الفصل الثالث
الاستثمار في التطوير

الاستثمار في التطوير

إن الحاجة إلى استثمار في تطوير نظم المحاسبة وتقنيات التشغيل، والإجراءات.إضافة إلى الحاجة إلى تطوير التقنية، قد تمت دراستها بالتفصيل في الفصول السابقة. بينما قد تبدو الحاجة إلى بعضها بديهية، فإنه من الملائم تلخيص بعض الحجج، حتى يمكن الاتجاهات التطوير، ومحتوى التطويرات المطلوبة، والسبل التي يمكن بها مواصلة التطوير أن توضع في المنظور الصحيح.

هذ الحكومات بحاجة إلى إقناعها بالحاجة إلى استثمار في تطوير انظمتها المحاسبية؟ وعلى الرغم من ان الجهود المتفرقة لبعض الدول، تشير إلى أن الحكومات مقتنعة بقيمة ذلك الاستثمار، وقد وضعت خطط مفصلة لذلك الغرض، إلا أن حكومات أخرى لم تبذل فيها جهود، أو بذلك فيها جهوداص قليلة. يشير الدور الخاص بالمساعدة الفنية المقدمة من الجهات المانحة والوكالات الدولية إلى أن الإصلاح الفعلي قادم، إلا أنه في الواقع فإن الموقف حافل بذكريات رواية دكنز "قصة مدينتين Tale of Two Cities" وهذا هو الوقت الأفضل لتلك الحكومات، التي تسعى إلى معايير هادفة لتقوية أنظمتها. إذ إن ما حققته حتى الآن يمثل حافة نظام المحاسبة. بالنسبة للدول الأخرى، يعتبر ذلك اسوا الأوقات، لأن جهود تقوية المحاسبة، التي حققت نتائج ضئيلة، لا تزال متعقثرة. والسؤال بالنسبة لهذه الدول هو: كيف يمكن الحفاظ على استمرارية الجهد، إذ ثبت أنه مكلف ولم يحقق النتائج المرجوة منه؟

إن الرأي السائد حتى الآن هو أن الحكومات يجب أن تقتنع بالحاجة إلى تطوير في هذا المجال وأن تركز جهودها بعد ذلك على جهد آخر جديد، ومرد الاستعجال (العجلة) يرجع لما يلي:

الدولة التي توجه أموالها نحو الرعاية:

لقد تحولت الحكومات عامة من حالة الدولة التي توجه أموالها نحو المجهود الحربي إلى حالة الدولة التي توجه اموالها نحو الرعاية. فالنوع الأول من الحكومات الذي سيطر على الساحة في القرنين السابع عشر والثامن عشر في إنجلترا قد تغير وأصبحت تلك الدولة أكبر دولة مؤثرة في المجال الاقتصادي وقد ساهم هذا التحول المدهش أيضاً في التوسع في عدد من الناسخين وماسكي السجلات. وقد دفعت الحروب المستمرة إلى حث الحكومات على زيادة أموالها من خلال الضرائب، وأهم من ذلك زيادتها من خلال الاقتراض من الجمهور. فإذا كانت الحروب قد خلفت طبقة جديدة من المستثمرين والمقاولين، فإن تمويل الحروب دفعت ظهور طبقة جديدة من أصحاب المصلحة المالية مع استثمارات متنامية في السندات والضمانات الحكومية، وقد خلق أصحاب المصالح هؤلاء بدورهم طلباً على المعلومات الأكثر تفصيلاً ودقة عن أعمال الحكومات.

وكانت الحصيلة الحتمية الثانوية لهذه الأحداث هي الزيادة الكبيرة في السجلات والوثائق المالية وفي الوقت المناسب النمو في المحاسبة الحكومية. ومع أن الموظفين المسئولين عن المحاسبة ينظر لهم نظرة دنيا (نظرة احتقار) من جانب طبقة ملاك الأراضي، فقد ارتفعت مكانتهم باطراد. أدى التغير في تركيبة النفقات عبر القرون (وحديثاً نمو الأموال ومزايا الاستحقاقات والرعاية) إلى خلق علاقة جديدة بين الدولة وعملائها وغيرها إلى دولة ترتكز على الرعاية المالية. وهذه العلاقات الجديدة لها مضامين هامة للمساءلة المالية وبالتالي للمحاسبة.

المصداقية المالية Fiscal Credibility:

نظراً لانتقال تمويل الميزانية نحو مزيد من الاعتماد على الاقتراض المحلي والخارجي فقط اضطرت الحكومات إلى تأسيس مصداقية في سياساتها الاقتصادية الكلية خاصة سياساتها المالية. ففي معظم الدول نجد السياسة المالية في قلب

التعديل الاقتصادي ويمكن ان تكون ناجحة فقط عندما تبرز مصداقيتها. وتصبح عمليات الحكومة أكثر كلفة. والمصداقية بدورها ينبغي تأصيلها في الميزانيات والحسابات الدورية المنشورة وتعتمد استجابة الجمهور المستثمر على إمكانية الاعتماد على المعلومات المالية المقدمة من الحكومات، وفي ذلك الإطار يجب أن تستند الحسابات إلى معايير معترف بها إن الالتزام الدقيق بهذه المعايير هو الذي يعطي العمليات المالية الحكومية المصداقية وفي المقابل فإن هذه المعايير لها عدة مضامين للحسابات الحكومية.

الإصلاح المالي Fiscal Rectitude:

لا يوجد مقدار كافٍ من المصداقية المالية يمكن أن يؤدي بنفسه إلى التوازن الاقتصادي. وعلى الحكومات أن تواجه المشكلات القائمة. على سبيل المثال يمكن لهذه الحكومات أن تواجه المشكلات القائمة وعلى سبيل المثال يمكن لهذه الحكومات ان تواجه زيادة النفقات من خلال تدابير سياسية ودعم الجهود الصادقة للحد من التكاليف والإجراء الأخير راسخ الجذور في نظام المحاسبة الحكومية والاعتبار الهام هو مدى مواجهة المحاسبة الحكومية لقياس وحصر التكلفة وفي هذا المجال فإن ما تم إنجازه يزيد من أهمية ما ينبغي عمله فيما بعد وتعطي حالات التقدم النظرية والعملية الأخيرة في قياس التكاليف في القطاع الخاص، المل في ملاءمتها للمؤسسات العامة. وبالمثال فإن الحكومات يجب عليها أن تحفظ السجلات التي ستنبهها إلى حجم الالتزامات المستقبلية القصيرة الأجل والطويل الأجل ومضامينها الخاصة بالسياسات المالية ويمكن الحصول على الدقة المالية الداخلية فقط من المحاسبة المطورة. إن جهود إنشاء مجالس للعملة (التي هي معفاة حسب التعريف من تقديم القروض للحكومات) أو منح البنوك المركزية استقلالية أمكثر حتى لا تكون مجبرة على قبول قيود الاقتراض السهلة التي تراها الحكومة، قد يكون لها أثر مفيد على توجه الحكومات نحو المحاسبة. ومن المرجع أن تبرز نتائج أطول مدة عند النظر إلى المصداقية المالية كمشكلة ينبغي مواجهتها من الداخل عن طريق الموازنة النزيهة والمحاسبة الحكيمة.

المهام المتغيرة وأنماط الرقابة:

Changing Tasks and Patterns of Control

إن مهام الحكومة الملاحظة قد تغيرت، وكذا أنماط إدارة الإنفاق داخل الجهات الحكومية. والقضية هي إلى أي مدى تكون المحاسبة قادرة على تعزيز أنماط إدارة الإنفاق. هل (على سبيل المثال) البيانات المحاسبية المقدمة من الجهات المحاسبية كافية للوفاء باحتياجات مديري الإنتاج الحكومي؟ وهي الطرق المحاسبية كافية، لتسهيل تقييم برامج ومشروعات الحكومة المكتملة؟ هل البيانات المحاسبية مفيدة في تمكين الحكومة وصانعي السياسة العامة من اتخاذ القرارات التي بموجبها يتم تحديد الخدمات التي تقدم بواسطة المرافق الداخلية والتي ينبغي أن يتم التعاقد على توفيرها؟ هل النظام المحاسبي يقدم معلومات كافية عن الالتزامات الخفية التي من المرجح أن تساهم في إحداث أزمة مالية خطيرة وغير متوقعة للدولة؟ هل يقدم النظام بيانات خاصة بالأصول المادية للحكومة وبالحاجة إلى الحفاظ على هذه الأصول؟ هل يركز النظام على القضايا الخاصة بالعدالة بين الأجيال؟ وقد أصبحت هذه القضايا جزءاً لا يتجزأ من طرق الرقابة بالنسبة لمديري الإنفاق. وهذه القضايا وقضايا أخرى لم تظهر بعد تعنى أن مهنة المحاسبة والحكومات يجب أن تنظر لما وراء حسابات التخصيص التقليدية والبيانات الخاصة بالانحراف والإنفاق المقدر بالميزانية والإنفاق الفعلي. وإذا لم يغتنموا هذه الفرصة للاستجابة للتحديات، فإن المحاسبة يرجح أن ينظر إليها على أنها فقط ذات قيمة تاريخية، وأنها أصبحت متقادمة في أسلوبها وعملياتها.

التصلب التنظيمي **Organizational Sclerosis**:

هناك سؤال آخر وثيق الصلة بهذا وهو ما إذا كانت أنظمة المحاسبة الحكومية ستكون قادرة على تقديم الخدمات في المجالات المحددة لها. ومع أن الصورة متغيرة نوعاً ما، إلا أن إحساس الذين هم خارج الحكومة وداخلها، هو أن الحسابات تعد متأخرة وبها فجوات ومحاذير تقلل الاستفادة فيها بصورة فعلية ويمكن أن

تحدث حالات الفساد لعدة أسباب ولكن عندما تصبح أحداثاً متكررة (روتينية)، فإن ذلك يكون هو وقت معالجتها بنفس الطريقة التي يعالج بها الأطباء المرضى. هل يحاول النظام المحاسبي التعامل مع مهام نهائيات القرن العشرين بأدوات قديمة مضى عليها قرن على الأقل؟ وهل الاستثمار في التقنية يعوض عن الأخطاء البشرية وعن محدودية النظام؟ لنفترض أن التقنية متوفرة، فهل هي مستخدمة الاستخدام الأقصى في الحكومة؟ وإذا كانت الإجابة بالنفي فكيف يمكن تحقيق زيادة استخدامها؟ أوضحت التجربة في العديد من الدول الصناعية والنامية والاقتصاديات التي تمر بمرحلة التحول أن جهود استغلال التقنية ضعيفة وتفتقر إلى الأفكار المتقدمة والاستراتيجيات المناسبة.

إن هذه القضايا التي تكتسب قوة يوماً بعد يوم تحتاج إلى جهد مركز قبل حصولها على قوة دافعة. ويشتمل الاستثمار في التنمية على منع حدوث المشكلات المحتملة بمواجهتها من خلال تطويرات جماعية ويعترف ذلك الاستثمار بوضح بثلاث خصائص الأولى: أن المحاسبة ظلت في تطور مستمر على مر السنين ولكن هذه المحاولات التي أهملت أو لم تعط المساندة اللازمة، يجب تطويرها الآن في فترة قصيرة. وذلك يعتبر تمريناً في اللحاق بقطار الأحداث بدلاً من الجري أمامه تحسباً للمستقبل. الثانية: أن المحاسبة في الجهات الحكومية لا يمكن الاستمرار فيها أكثر كنشاط مستقل ذي صلات جانبية مع الأنشطة الأخرى التي تساهم مجتمعة في إدارة القطاع العام. وبدلاً من ذلك يجب التعامل معها كمكون هام في البنية الكلية لإدارة الإنفاق العام باعتبارها تتفاعل مع العناصر الأخرى لهذه البيئة. الثالثة: أن هذا التطور ليس ظاهرة قصيرة الأجل ولكن رحلة طويلة وكغيرها من الرحلات الأخرى فهي تتطلب وتحتاج إلى قدرة كبير من الإعداد والتجربة وإعادة التقييم والمرونة والجهد المتواصل المستمر. إنها عملية طويلة الأجل لبناء جسر يتيح للجيل الحالي وأجيال المستقبل الاستفادة الكاملة من المحاسبة في حياتهم اليومية.

تخطيط التنمية Design of Development:

إن تخطيط التنمية والإجراءات المحددة، التي ينبغي للحكومات دراستها والتي درست بإسهاب في الفصول الخمسة الأولى من هذا الكتاب يمكن إيجازها. وعلى الرغم من المخاطرة الموجودة في تجميع الدول، فإنه من المفيد دراسة تخطيط التنمية فيما يتعلق بالدول الصناعية، والاقتصاديات ذات التخطيط المركزي في السابق والدول النامية. إن المهام المباشرة للدول الصناعية هي صقل الاستخدامات الأخيرة (الميزانيات العمومية على سبيل المثال) والبحث عن استخدامها في مستويات الحكومة الأخرى. ومع هذا الجهد فإن قدرة الإدارة المالية في جهات الإنفاق تحتاج إلى تقوية ودمج مع مضامين البيانات التجارية لإدارة أنشطتها اليومية.

تمت الإشارة إلى جهود متزامنة لاستخدام أنظمة المحاسبة الإدارية وفي الاقتصاديات التي تمر بمرحلة تحول من التخطيط المركزي، فقد تم إيضاح الاهتمام المتصل بتطوير نظام المدفوعات ولتحديد المسئوليات الإدارية لجهات الإنفاق الذي قد تمت الإشارة إليه. ولفترة طويلة فقد عملت الإدارات كأيدي عملية خالصة لوزارة التخطيط مع قليل من الحاجة لتحليل أو تقييم أعمالها، باستثناء البحث عن مخصصات أعلى في الميزانية لأنشطتها وللمؤسسات العامة تحت إدارتها. ولذلك لا يمكن أن يكون هناك أي تقدم في الإدارة المالية، ما لم - وحتى - يتم معرفة وتعزيز الدور الهام لجهات الإنفاق. وهنا أيضاً توجد حاجة للتركيز على تطوير نظم المحاسبة الإدارية، لأن بدونه لا يوجد أمل يذكر في إحداث تحسن كبير في تمويلاتها العمومية.

إن معايير المحاسبة التي تمت في الماضي على أساس تشويه سياسات التعرفة الجمركية والضريبة تحتاج إلى إصلاح كبير. وتحتاج الدول النامية خاصة إلى تقوية المرافق الأساسية الفنية (استخدام الحاسب الآلي) للإدارة المالية وعلى الرغم من أن الحاسب الآلي في فترة قصيرة، فهناك دول أخرى لا تزال خلف الركب في تحديث تقنيتها. لذا فإن الصورة العامة تبدو مشوشة. فهذه الدول لديها

العديد من المهام التي يتعين عليها القيام بها وعلى الحكومات التي تعمل معاً لتطوير سياسات المحاسبية.

إن المكونات الأساسية المحددة للمحاسبة المطورة وتأثيرها المحتمل موضحة في الجدول رقم (1) كما يصف الجدول التأثير الممكن لهذه الإجراءات على محاسبة المسئولية (التي تعتمد في بعض منها على النظام السياسي للبلاد والتقليد التشريعي) وعلى الضوابط الداخلية وتكلفتها وعلى الإدارة المالية الشاملة. يمكن تقسيم الإجراءات الموضحة في الجدول إلى فئتين هما: الإجراءات التي تحتاج إلى فترة قصيرة لتنفيذها الفئة التي تحتاج إلى وقت أطول وجهد مستمر. وتتضمن الفئة الأولى تحسين نظام المدفوعات وإطار مطور للعلاقات مع النظام المصرفي، ونظام أكثر تطويراً للمعلومات المالية. وتتطلب كل حالة مراقبة أنظمة تطويرات في أنظمة الدفع وإطار أساسي معدل للعلاقات مع النظام المصرفي، والأنظمة القائمة، وتحديد مجالات المشكلة على ضوء الاعتبارات التي تم مناقشتها في الفصول السابقة والقيام بالتطوير. ويجب أن يوضع خفض التكلفة في الاعتبار وكل واحد من هذه المجالات يكون له هدف أو أهداف تمت صياغتها حسب أهداف الجهات المستخدمة وينبغي ملاحظة أن بعض متطلبات المعلومات (مثل إعداد الميزانية العمومية) متطورة من حيث إلى آخر مما أدى إلى تكييف تطبيقات المحاسبة التجارية في القطاع الحكومي وهذه المقاييس لا تتطلب دائماً استثماراً فعلياً إضافياً في الأجهزة وبدلاً من ذلك فإنها تتضمن السعي إلى تحقيق أهداف محددة بصورة أكثر تصميماً واستخدام الآليات الموجودة لخدمة تلك الأهداف.

الجدول رقم (1)

الأثر المحتمل لأنظمة المحاسبة الفعالة

الفئة	مزيد من المساءلة	الضوابط الداخلية	تكاليف الضوابط المخفضة	التأثير على الإدارة المالية الشاملة
تغيير نظام الإنفاق	لا أثر مباشر	يساهم في الإدارة الفعالة للسيولة	ستكون التكاليف أقل بمرور الوقت	مفيد
العلاقات المطورة مع النظام المصرفي	لا أثر مباشر	يوفر ضوابط أكثر فعالية	قد تكون التكاليف على المقدى القصير عالية حيث أن العمليات المالية أكثر شفافية	مفيد
تطبيق أسلوب المحاسبة المالية بما في ذلك المستحقات	يتحسن فهم بيان الأصول والالتزامات وكذلك يتحسن عرض الميزانية	يزيد من الوعي المالي لجهات الإنفاق	تبدو تكاليف التحول هامة على المدى القصير	مفيد

روابط مطورة مع حسابات الدخل الوطني	لا يوجد أثر مباشر	لا يوجد أثر مباشر	لا يوجد أثر، إمكانية ضعيفة لخفض التكلفة	يجب أن يساهم الفهم المطور في تعزيز تحليل الخيارات السياسية وأثرها
محاسبة مساعدة أجنبية مطورة	يطور من المسئولية	يزيد من قدرات الرقابة	لا يوجد أثر مباشر	سيساعد في التطورات الفعلية
قياس التكلفة	يغير طبيعة المسئولية	يوفر قاعدة تتضمن تفاصيل الرقابة	يمكن أن يساعد في تقليل تكاليف الرقابة على المدى المتوسط	يوفر عدة مرتكزات لتخصيص واستخدام الموارد
إدارة الديوان	تؤدي إلى تطوير المسئولية	تساهم في ضوابط أكثر وضوحاً	لا يوجد أثر مباشر	تساهم في بيئة سياسة أسهل
معايير المحاسبة	مفيدة جداً	توفر هيكلاً متطوراً	لا يوجد أثر مباشر	مفيد
أنظمة المعلومات المالية المطورة	مفيدة جداً	مفيدة جداً	لا يوجد أثر مباشر	مفيدة جداً

إن المقاييس الأخرى كتلك المتصلة بتكييف المحاسبة التجارية (التي ينبغى لها في معظم الحالات أن تساهم في الروابط المعززة مع حسابات الدخل الوطني) وتحديد طرق قياس التكلفة وإدارة المسئولية ومعايير المحاسبة، ويرجع لها ان تأخذ وقتاً طويلاً بسبب التجهيز الإدارة اللازم كما أنها قد تتطلب تمويلاً إضافياً للحصول على أجهزة الحاسب الآلي وفي بعض الحالات موافقة السلطة التشريعية وينبغي لصياغة خطط تنفيذ على المدى الطويل أن نضع في اعتبارها بقدر الإمكان بعض حالات التوتر التي لا يمكن تفاديها (التي تنشأ من المواقف المتناقضة الموجودة في أي بيروقراطية).

أولاً: يجب وضع تصميم برنامج الاستثمار، حسب الحاجات المحددة للحكومة ومستوى تطورها الإداري، وأوضحت التجارب أن الحكومة تميل إلى الاعتقاد بأنها يمكن أن تفعل مثل الحكومات الأخرى، لذا فهي تحاول تقليد ما فعله الآخرون، كما أوضحت التجربة أن هذا الأسلوب يمكن أن يكون طريقاً لمزيد من المشكلات في مرحلة متأخرة. ومن جهة النظر المتعارف عليها يوجد شبه كبير في الأنظمة الإدارية الحكومية. معظمها لها أجهزة تشريعية (على الرغم من اختلاف الأدوار التي تلعبها) ومكتب للميزانية، وجهة مسئولة عن المدفوعات، وجهة وكل لها مهام المحاسبة، وبنك مركزي يعمل في معظم الحالات كجهة مالية حكومية. ومعظمها له قدرات مختلفة لتقنية معالجة البيانات الإلكترونية. ولكن في هذا الإطار الواسع، فإن كل حكومة لها ثقافة إدارية مميزة بها وأسلوب عمل. وفي الحقيقة يمن القول بأن كل حكومة مثل كل فرد لها شخصية ينبغي أخذها في الاعتبار عند صياغة خطة التنفيذ.

ثانياً: إن التركيز الرئيسي للجهة التشريعية والجهات المركزية وجهات الإنفاق يحمتلم أن يكون على إعداد تقارير الميزانية؛ لأنها متطلب قانوني في معظم الحالات، وجزئي في البعض الآخر؛ لأنها تلعب دوراً مركزياً في تمويل أنشطة الجهات، ولذلك الحد الذي تخلتف فيه أسس الموازنة عن مداخل الميزانية العامة في المحاسبة المالية فإن الحكومات تحتاج إلى متابعة ثابتة أو متعددة الأبعاد للنظام المحاسبي.

ثالثاً: إن إدخال النظام المالي الرئيسي، مثل نظام دفتر الأستاذ العام، لابد له أن يتقادم مع الوقت. يجب تعزيز الجهود الهادفة إلى التقنين، بإدراك الحاجات المحددة للجهات الحكومية. وعلى الرغم من أن هذه الجهات لها بعض الخصائص المشتركة في أنظمة عملها، إلا أن كل واحد لها تركيبتها الداخلية الخاصة بها. ولضمان أن النظم المقترح يعكس حاجات كل الجهات، فإن ينبغي للجهات أن تشارك في تصميم النظام من البداية. ويجب تجهيز هذه الجهات، لإدخال النظام الجديد وأي استراتيجية تطور يجب أن تكون مشتركة.

رابعاً: قد تحاول الإدارات المركزية انتهاز الفرصة لإصلاح النظام؛ لاكتساب قوة أكثر لاستعمالها المباشر وليتحقق هذا الاتجاه فإنه يحتاج إلى مقاومة حيث إن التقنية الحديثة مصممة لتسهيل مهام الإدارات المركزية، وليس لرقابة العمليات الخاصة بجهات الصرف باستمرار والإصلاحات المحاسبية يرجى منها، دعم دور جهات الصرف وتأمين سلوك مالي أكثر مسؤولية ومن المهم كبح (المحافظة على) الاتجاه المخفي (الكامن) لمركزية الإدارية العملية بدلاً من تعزيز المركزية.

أخيراً: إن صياغة معايير المحاسبة، ورسم علاقات العمل بين الجهات المركزية وجهات الصرف، قد تؤدي للإفراط في التحديد والوصف والتنظيم، توضح تجربة العديد من الدول الصناعية أن هيئات المحاسبة المستقلة قد تكون طموحة في مجال ما ينبغي القيام به من إصلاحات. وهذا يمكن إبداؤه في الوصف والتنظيم الزائد. ومن الواضح أن مثل هذا التمرين سيكون مساوياً لبذر بذور الخلاف مستقبلاً والجهود غير المثمرة.

دروس ومعضلات (مشاكل) التنفيذ:

Implementation Lessons and Dilemmas

إن الجهود الموجهة للتطويرات في المحاسبة ليست جديدة. وطوال الفترة الماضية ومنذ الستينات جرت (كما هو مذكور سابقاً) محاولات متفرقة قدمت بعض الدروس.

وفيما يلي قائمة قصيرة بهذه الدروس التي أعدت على ضوء التقيمات التي أجرتها السلطات الوطنية والمجموعات المتخصصة والمنظمات الدولية.

- يعتبر الدعم الفعال والمتصل للسلطات السياسية للبلد وبالتحديد وزارات المالية ضرورياً لنجاح الجهود.

- يعتبر الإطار المتكامل الذي يجمع التخطيط وإعداد الموازنة والمحاسبة وإعداد التقارير ضرورياً، حتى يمكن الحصول على برنامج مناسب للتطوير. وتحتاج هذه الاستراتيجية المتكاملة إلى تطوير قبل التنفيذ. وينبغي لهذه الإستراتيجية أن تركز على احتياجات الموارد الداخلية والخارجية والأساس التقني للإصلاحات المقترحة.

- هناك حاجة لإطار قانوني أساسي يحدد المهام ويحدد أدوار كل جهة حكومية.

- يجب وضع إطار فعال لإدارة المشروع.

- يمكن أن يؤدي الاعتماد الكبير على نظام واحد إلى التهاون وفي بعض الحالات الأخرى ـ إلى تدهور الأنظمة الأخرى.

- إذا كان من الممكن جنى (الاستفادة من) فوائد الإصلاح المقترح مبكراً، فإن مزيداً من الالتزام والدعم المادي سوف يصبح متوفراً، ومن الجانب الآخر إذا كان لا يمكن للفوائد التي يمكن معرفتها مبكراً أن تتحقق فإن الطبيعة الداعمة للإصلاح والأنظمة يمكن تحقيقها.

إن هذه الدروس (التي قد يبدو بعضها أنه درس عادي) تخلق أيضاً مصاعب أساسية يجب مواجهتها. والمشكلة الأولى التي ظهرت عند إدخال أي إصلاح للقطاع العام هو كيفية تحديد الأدوار الخاصة بالخدمة المدنية المتخصصة والمستوى السياسي للإدارة.

الدعم السياسي Political Support:

على الرغم من أن فقدان الدعم السياسي في العديد من الدول، يزعم بأنه السبب الرئيسي في خبرة الإصلاح الضعيفة، فإن من المعترف به أيضاً أن المحاسبة كنظام تعتبر بعيدة عن جذب السياسيين وفي الحقيقة فإن بعض وزراء المالية يدعون بأنهم لا يشعرون بالارتياح في دعم أو مساندة مشروع القانون في الهيئة التشريعية، لأن بعض الإصلاحات المقترحة مليئة جداً بالمصطلحات الفنية. وينبغي تقييم الاهتمام الرئيسي للوزراء حسب المزايا التي يجلبها لأعمال الحكومة وللجمهور. وفي غياب أي جهد لتحقيق هذه المزايا فإن جهود الإصلاح ينظر إليها بسخرية، إما باعتبارها تجربة للسياسة البيروقراطية أو باعتبارها محاولة للالتزام باقتراحات المانحين.

إن توفر الدعم السياسي مرهون بفوائد الإصلاح، ولذلك فإنه من المفيد دراسة أنواع مختلفة من مادة (جوهر) الإصلاح.

الإصلاح المتكامل أو الإصلاح المحدد Integrated or Specific Reform:

هناك مشكلة ثانية وثيقة الصلة بالإصلاح، وهي ما إذا كان الإصلاح ينبغي أن يأخذ أسلوباً متكاملاً أو أن يكون محدداً. ويقترح مؤيدو الأسلوب المتكامل أن جميع عناصر الإدارة المالية الحكومية مرتبطة ببعضها البعض ارتباطاً وثيقاً، بحيث لا يمكن تناول كل واحد بمعزل عن الآخر. فعلى سبيل المثال، نجد أن تعديلات التصنيف المحاسبي لا يمكن تصورها إلا عند ربطها بالميزانية والقوانين المتعلقة باعتمادها لدى السلطة التشريعية وهذه الروابط معترف بها وبعض الإجراءات

يجب أخذها على أساس أنها مترادفة كما ان بعض المخاطر تصاحب الأسلوب المتكامل بما في ذلك أنه يمكن أن يخلق بعض الاحتمالات غير الواقعية، وفي حالة تراكم المزايا في الأخير، فإن الأسلوب المتكامل يمكن تصنيفه على انه زائد الطموح ويغطس تحت وزنه. وتشير الخبرة الحالية للعديد من الدول الصناعية (باستثناء استراليا ونيوزلندا) إلى أن كل مجال من مجالات المحاسبة يحتاج إلى ان تدرس بانفراد، وأن التعديلات ينبغي أن تتم مع الاعتبار التام لما تتضمنه المجالات الأخرى. وحتى الآن نجد أن استخدام تقنية الحاسب الآلي وجهود إدخال تغيير في حساب تكلفة النشاط وتطويرات بينة المعلومات المالية وإدخال الميزانيات العمومية للجهات الحكومية قد تم القيام بها بصورة مستقلة وينبغي ألا يوضع الاختيار على انه قضية أيديولوجية Ideological Issue، ولكن على أساس أنه خيار عملي يجب الاستجابة له بالرجوع للوضع الخاص بالبلد.

إصلاح القطاع العام أو إصلاح الإدارة المالية

Public Sector Reform of Financial Management Reform

ظهرت معضلة (مشكلة) مماثلة في الإجابة عن السؤال وهو: هل ينبغي القيام بالإصلاح المالي (المتكامل أو المحدد) كجزء لا يتجزا من الإصلاح الشامل للقطاع العام أو اعتباره جهداً منفصلاً؟ ويقترح مؤيدو الأسلوب الأول أن الأزمة المالية في العديد من الدولة جعلت حكوماتها تقوم بالاندماج المالي. وهذا يتطلب إصلاح الخدمة المدنية (بما في ذلك تخفيض النفقات) وتطوير المحاسبة والإدارة المالية وإصلاح قطاع المؤسسات الدولة (بما في ذلك الخصخصة) وإصلاح القطاع المالي، وخفض النفقات العسكرية وتطوير التشريع. والهدف الرئيسي هو تطوير الطريقة التي تطبق بها صلاحية إدارة موارد التنمية الاقتصادية والاجتماعية للدولة. ويدعم هذا الأسلوب تجارب كل من استراليا ونيوزلندا والعديد من الدول الأفريقية. وعلى ذلك يمكن القول بأن إصلاح الإدارة المالية مبرر حتى في حالة وجود أزمة مالية كبيرة تهدد استقرار الدولة. وكما يتضح من المناقشة الواردة في الفصول السابقة، فإن المحاسبة الحكومية قد تطورت ببطء أكثر من المجالات

الأخرى، وهناك الكثير الذي ينبغي عمله قبل اعتبارها كافية وملبية للمهام الحالية والمستقبلية للدولة. ومن الناحية العملية يعتمد خيار الإصلاح على ما هو عاجل ومفيد (مُجدٍ Feasible) ولكن حيثما يوجد جهد ضخم لإعادة توجيه إدارة المحاسبة فقد تكون هناك مزايا في القيام بتطوير الإدارة المالية مترادفة مع إصلاح القطاع العام.

أساسيات التقنية أو اعتماد التقنية العالية:

Imperatives of Technology & High – Tech Dependency

سهل استخدام تقنية الحاسب الآلي المتوفر بعض التطورات في المحاسبة بصورة فعلية، ولكن مداخل بعض الحكومات تجاه هذه العملية يظهر فيها بعض التكافؤ. ومن ناحية أخرى نجد أنه من المعروف أن التقنية تقتضيها الأوقات، وأن عدم انتهاز الفرصة للتحديث يمكن أن تنتج عنه خسائر لا يمكن التراجع عنها ولا يمكن التعويض عنها بأي حال. إن عدم الحصول على التقنية الأساسية يمكن أن يضعف قدرة الدولة على اتخاذ القرارات وبالتالي قدرة الدولة على المنافسة. إضافة إلى أن متطلبات المعلومات لأي حكومة في العالم الحديث، لم تعد تنحصر في تطبيق التقنية، ولكن ما هي الوظائف التي تستخدم فيها؟ وما هي الأجهزة والبرامج التي يجب شراؤها؟ ومن الجانب الاخر أوضحت التجربة أن هناك العديد من الصعوبات في استخدام التقنية وأن هناك اعتماداً على التقنية. وحتى البعض يؤكد أن التقنية الحديثة قد تتطلب قدرات قد لا تتوفر محلياً. وهذه الاعتقادات تحتاج إلى تطليف بإدراك التقدم السريع الذي حققته بعض الدول في الحصول على مزايا التقنية.

الإصلاح الفجائي أو التدريجي "Big Ban", or Gradualism

إن سير التنمية أصبح مسألة بارزة خلال السنوات الأخيرة مع عودة المصطلحات إلى الوراء، إلى زمان بدء خلق الكون. فهناك رأي يقول بضرورة سرعة

تنفيذ التحول التقني، بينما يرى الرأي الآخر أن التنمية الأساسية بطبيعتها بطيئة وترى المدرسة الأولى أن الحاجة إلى نتائج سريعة حتمية وقائمة، وأن التأخير في التنفيذ يمكن أن يضر (يؤثر) بالتقدم. لذا فإنه ينبغي الحصول على النتائج قبل أن تقوى المعارضة للتقدم وهذه الحجة تتجاهل الحكمة الإدارية لصانعي السياسة. وقد يبرز سوال حول ما إذا كان صانعو السياسة يختارون الإبطاء (عدم السرعة)، بينما تشير كل المؤشرات إلى إمكانية تحقيق نتائج أسرع وفي أي حال نجد أن مسألة الفترات نسبية في طبيعتها وأن عنصر الزمن في هذا السيناريو هو أن التطور يظل بحاجة إلى التحديد إضافة إلى أن حجم التنفيذ يحتم كيف يمكن تحقيق النتائج بسرعة.

وقد يأخذ جعل النظم المحاسبة نمطية مثلاً حوالي عقد من الزمان. وقد واصلت بعض الجهات في الولايات المتحدة عملية وضع تنميط الأنظمة لأكثر من عقد من الزمان ولا تزال العملية بعيدة عن الاكتمال، لأن المعايير نفسها قد تغيرت خلال هذه الفترة استجابة لتطورات نظرية وتقنية. وقد أوضحت تجربة استراليا ونيوزلندا (التي بدأت في تغيير كبير لأنظمة الإدارة المالية لديها في أوائل وأواسط الثمانينيات) أن التطور التقليدي ليس ملائماً في فترة قصيرة جداً. ويجب على الحكومات (أثناء بذل الجهود لتقوية أنظمتها) أن تركز اهتمامها لاستمرار جهودها خلال الفترة المتوسطة.

على الرغم من أن الإصلاح المحاسبي لم تفسده السياسة حتى الآن، فإن عدم تحقق نتائج خلال الفترة القصيرة يمكن أن يؤدي لتراخي الحكومات أو تركها للأمر وأن الالتزامات التي تمت خلال السنوات السابقة (والتي بدأت ملزمة ولا مفر منها عند إجرائها) أصبحت فجأة كماليات لا يمكن الوفاء بها بعد ذلك وقضية الحكومات هي كيفية إيجاد طريقة للإجماع خاصة بالتطوير التقليدي الذي يتطلب وقتاً أطول.

المساعدة الخارجية أو الموارد الداخلية:

External Assistance or Internal Resources:

إن الدولة النامية التي بدأت في إصلاح أنظمتها المحاسبية لديها اختبار إضافي يجب عمله. فالأنظمة القائمة معظمها من آثار الاستعمار السابق والتقدم نحو الإصلاح (مع إضافات حالات القصور المحلية لها) تنبثق جزئياً من الجهود التي نشأت في الدول الصناعية بالإضافة إلى أوجه القصور المحلية. ويمكن للدول النامية، عن طريق ملاحظة خبرات الدول الصناعية بعناية، أن تحصل على المزايا بدون تكرار عملية التطور برمتها. ومكاسبها هي مكاسب أقل ولحدٍ ما فإن جهود الدول النامية لتقوية أنظمتها الحاسبية قد شجعتها المنظمات الدولية التي أوضحت جهودها المور عبر السنين الماضية وسهلت انتقال المعرفة الفنية وطورت اكتساب المهارات الفنية وقد ضمنت المنظمات الدولية والجهات المانحة عدداً من برامج الإصلاحات على أساس ثنائي والقضية التي تواجه صانعي السياسة الآن هي تحديد الأدوار النسبية للسلطات المحلية والوكالات الدولية.

على مر السنين طورت الجهات الدولية جدول الأعمال الخاص بها الذي حدد في جزء منه باهتماماتها العملية وقد لا يكون جدول الأعمال هذا منسجماً بالكامل مع جدول الأعمال أو الاحتياجات المعترف بها ذاتياً لدى الدول إضافة إلى أن دعم الجهات قد لا يكون منسجماً بالكامل مع جدول الأعمال أو الاحتياجات المعترف بها ذاتياً لدى الدول، إضافة إلى أن دعم هذه الجهات قد لا يكون متوفراً بصورة مستمرة لذا فإن الدول التي تعتمد على الجهات الدولية تعاني من حالات انقطاع الدعم وعند استئناف الدعم يكون من الصعب استعادة الزخم المفقود. وفي بعض الحالات قد تكون المكاسب ضائعة بحيث يتعذر استعادتها، وقد يتعين على الدول البدء من بداية أخرى جديدة. كما أن الدعم قد يكون في شكل قرض يصاحبه تأثير خصا بعبء خدمة الدين للبلد المتلقي له.

من المهم معرفة أن الإجراءات الهادفة لتقوية أنظمة المحاسبة يمكن صياغتها وتنفيذها بواسطة الدولة ذاتها القائمة بالإصلاح. ومعظم الدول لها الآن عدد كبير من المحاسبين المدربين (بخلاف أولئك الذين يكتسبون المهارات أثناء الخدمة في القطاع الحكومي) والذين يمكنهم تطوير المعايير وتحديد اتجاه التطورات. وإن الحصول على الأجهزة والاستثمار المصاحب لها يعتبر قضية منفصلة وقد يتطلب مفاوضات للدعم الاجنبي وفي أي من الحالتين يكون استمرار التمويل ضرورياً ويجب ضمانه من قبل أن تشرع الدولة في الإصلاح.

القضايا العملية Operational Issues:

إن الدراسة السريعة للخبرات عبر الدول لتقوية أنظمة المحاسبة يكشف عن نوعين من القضايا هما: القضايا النظرية (المفاهيمية) والقضايا التفنية المنطقية. وتوفر كلاً من هاتين القضيتين توجهاً كافياً حول التفاصيل التي تحتاج الدول التي تشرع في الإصلاح إلى التركيز عليها.

من الزاوية المفاهيمية يبدو أن اهتماماً كبيراً لوكالات الإنفاق قد أعطى للعلاقات بين المنظمات الحكومية أكثر من نوع من الرقابة الداخلية المطلوبة للإنفاق ولوضع معايير لمفاهيم المحاسبة. وقد أسهم هذا الفشل في إعداد الأنظمة لتطبيق التقنية في خلق حالة في بعض الدول يوشك عندها الأفراد والذين يدخلون التقنية في الهيمنة على المنظمات الأخرى بتنفيذ إدارتهم والمهام المتعلقة بها. وهذا التعدي أو التوغل في الحلبة قد خلق احتكاكاً بين الأطراف المختلفة. أصبحت الأنظمة أدوات لتنفيذ العمليات الفنية في الجهات ولتحقيق الأهداف جزئياً فقط ويمكن تفادي هذه المشكلة في حالة وجود خطة إصلاح متناسقة (حتى المراحل الحدية تتطلب خطط عمل) وفي حالة تشريعقانون لهذا الغرض وبدون تحديد وضاح وقانوني للمسئوليات (إذا كان ذلك ملائماً) فإن التكرار وعدم التناسق والسلوك غير الصحيح يرجح أن تقضي على المكاسب الصغيرة المتحققة.

ويقال بالتحديد بأن أنظمة المعلومات في الدول الأفريقية تفشل أو لا تؤدي المطلوب منها غالباً أكثر مما تنجح في القطاع العام (في أفريقيا) نظراً لقلة القديسين وكثرة الشياطين، كما أن السحرة غير ملائمين والأنظمة معقدة والمنظمات ضعيفة. ويزعم أن السلطة في عمليات القطاع العام شخصية واجرائية وأن هذه العمليات تدار بالأوامر بدلاً من الإجراءات. ويلاحظ "هايدن Hyden" (1983م) أن قواعد التوظيف والفصل من الخدمة، على سبيل المثال نادراً ما تلاحظ في افريقيا، وأن المواد المشتراه لأغراض محددة يتم تحويلها عادة لأغراض أخرى، وأن المواقف تجاه التخطيط والجدولة مرنة، وأن هناك تعلماً تنظيمياً طويل الأمد ولا توجد في الخدمة العامة، وأن هناك اتجاهاً نحو تمويل المؤسسات الضخمة تكاد تكون مقسمةً إلى مؤسسات أصغر، ويهيمن عليها مديرون أفراد.

على الرغم من أن هذه الخصائص توصف بأنها حالات قصور شائعة في أفريقيا، فإن دراسة أكثر تفصيلاً ستكشف أنها ليست دائماً سلبيات (ومما لا شك فيه أنها يمكن أن تعتبر ـ في بعض الحالات ـ أمثلة لقيادة رائدة وأساليب نحو المرونة الإدارية) وليست بالضرورة محصورة في افريقيا. إن أسلوب الإدارة الشخصي جداً الذي لا يجب أن يعتبر بديلاً لسيادة القانون، كثيراً ما يثبت أنه منتج في الدول التي تكون فيها المؤسسات لا تزال وليدة ويشير المراقبون إلى أنه في تلك الحالات وعندما ينتقل القادة لموقع آخر قد يعاني الإصلاح من الانقطاع وكيف ما يكون ذلك فإن هذه الاعتبارات تقترح استمرارية الحاجة للاستثمار في الموارد البشرية وتطوير المؤسسات وفي غياب تلك الجهود لا يمكن للاستثمار في التنمية أن يأتي بالنتائج المرجوة وأن الأمل في أن توفر التقنية حلاً جزئياً لمشكلات المحاسبة لن يتحقق. ومن الواضح أن الأنظمة الإدارية يجب أن تعد لتطبيق التقنية.

تنشأ القضايا العملية الأخرى أساساً بالرجوع إلى استخدام التقنية وعلى الرغم من اختلاف التجارب، فإن بعض المشكلات المألوفة تبرز أولاً، وكثيراً جداً لا يأخذ تصميم الأنظمة في الحسبان للمتطلبات المحددة للجهة. فمثلاً، في الإدارة العامة للإنفاق توجد ثلاثة عناصر متبادلة للدعم هي: هندسة المعلومات (التي تضع

ملخصاً للطرق الوظيفية وبيانات للمعلومات المتعلقة بها)، وهندسة الأنظمة (تضم نموذجاً لقواعد المعلومات وتدفقاتها)، وإنشاء التقنية (تحديد احتياجات كل وحدة قياس وتحديد ـ على ضوء ذلك ـ نوع الجهاز والبرامج الملائمة لذلك الغرض) في الواقع العملي، بعض هذه العناصر قد لا يتم معالجته بالكامل، وكثيراً ما يحاول المصممون غير المؤهلين استغلال الموقف والنظر إلى مهمتهم على أنها ترويج للأجهزة والبرامج المتوفرة في السوق أياً كانت. ومن الناحية العملية، فإن الدور المساند المتوقع أن تلعبه التقنية معرض للخطر. ثانياً: إن البرامج قد تفرض على الزبون دون إظهار القدرات العملية للنظام المقترح بصورة صحيحة. ويحمل هذا مضامين مالية وتنظيمية خطيرة، ويمكن فقط تنبيه المشتركين للحاجة إلى التقييم الحذر لموردي البرامج. ثالثاً: إن سياسة مشتريات الدول وإجراءاتها قد يكون لها تأثير في الحصول على التقنية القديمة التي تجاوزها العصر لأنها أقل تكلفة وهذه السياسات يحتمل أن تكون مكلفة جداً على المدى المتوسط. ولأن التقنية تخضع للتغيير الجذري فقد تكون ملائمة أكثر لاختيار منتج أعلى تكلفة في حالة انسجامها مع النظام القائم، ويمكن أن تلبي الحاجات المستقبلية للجهات. وأخيراً فإن الأنظمة قد تحتاج إلى عمالة بصورة مكثفة أكثر مما هو مفترض عند الشروع في الإصلاح. كما أن خبرة كل من الدول الصناعية والنامية تؤيد هذه النتيجة. وايضاً إن إدخال خبرة التقنية لا ينبغي أن يقاوم بالضرورة. وهذه القضايا توضح الحاجة إلى اليقظة التامة والاهتمام المستمر بالتفاصيل.

خطوات نحو التطوير Step Forward Improvement:

على ضوء النقاش المتقدم للقضايا يمكن عمل إحصائية أكثر عملية لخطوات التطوير:

1. أي إطار للتطوير يجب أن يبدأ بدراسة النظم القائمة والمشكلات المصاحبة لها ما هو المتوقع تحقيقه من النظم؟ وكيف تعمل؟ وإلى أي مدى يمكن أن تنسب المشاكل إلى الأساليب القديمة، والاهتمام غير الكاف للموارد

البشرية، وكذلك لقاعدة التقنية السيئة التجهيز؟ ما هي الاحتياجات الحالية لمستخدمي النظام؟ ونظراً لأن نجاح المحاسبة في الحكومة يعتمد على المدى الذي تكون فيه المحاسبة قادرة على توقع وتلبية حاجات صانعي السياسة، فإن الدراسة يجب أن تعطى اهتماماً للاحتياجات المتغيرة للمستخدمين.

2.   وفي تصور للأجوبة عن هذه القضايا القضايا ذات العلاقة يجب على صانعي القرار (السياسة) ملاحظة النقطتين التاليتين: الأول: أنه يمكن أن يكون هناك أكثر من إجابة لكل واحد من الأسئلة واختيار الصحيح منها هو الجزء الحاسم في العملية. الثانية: مع الطبيعة الفردية لأعمال الحكومة فإن أساليب المحاسبة التجارية قد تحتاج إلى تكييف واسع لتلبية احتياجات الحكومة.

3.   يجب تطبيق الإطار الموضوع لإصلاح النظام أولاً على أساس اختياري على قليل من الجهات الحكومية. وهذا التطبيق المحدود يوفر إمكانية احتواء الأخطار وكشف المشكلات قبل أن تستعصى ويستحيل حلها. إن الجهات الحكومية لها أهداف ومهام وأنشطة مختلفة كثيراً، وأن خبرة واحدة منها قد لا تكون انعكاساً للأخرى وإن التجربة تبقى خير برهان (معلم Teacher) وهم من ذلك فإن التطبيق الاختباري يعكس ما إذا كانت التكلفة والفوائد تتساويان تقريباً مع التقديرات الأولية أم لا، وإذا كانت الإجابة بالنفي فما هي التعديلات المطلوب عملها؟

4.   إن الخبرة المكتسبة يمكن استخدامها لصياغة القوانين التي تطبق على جميع الجهات الحكومية. وهذه القوانين سوف تعزز تطبيق النظام المقترح، بينما تظهر بالكامل مدى التزام الحكومة بالإصلاح، ويوفر هذا التطبيق فرصة لكسب تأييد الرأي العام لصالح النظام.

الفصل الرابع
البناء التنظيمي والإداري في البنوك

البناء التنظيمي والإداري في البنوك

لا شك أن طبيعة النشاط الذي تمارسه البنوك على اختلاف أنواعها (التجارية والمتخصصة وبنوك الاستثمار) تختلف في كثير من جوانبها عن طبيعة النشاط الذي تمارسه منظمات الأعمال الأخرى، ومن ثم فإن البناء التنظيمي والتكوين الإداري في البنوك قد يختلف في طبيعته عن نظيره في منظمات الأعمال الصناعية والتجارية.

ويخطئ من يتصور أن المبادئ والأسس العلمية للتكوين التنظيمي والإداري في البنوك تختلف عن تلك المطبقة أو المعمول بها في منظمات الأعمال الصناعية والتجارية، بمعنى انه رغم اختلاف طبيعة النشاط بين كل من البنوك ومنظمات الأعمال الأخرى إلا أن مبادئ التنظيم والإدارة وكذلك الوظائف الإدارية في هذين النوعين من المنظمات واحدة، ولا تختلف أيضاً باختلاف المكان، أو الحجم، أو الشكل القانوني... الخ.

وإذا كان الاهتمام الكتاب ورجال الأعمال قد اقتصر حتى أوائل 1940 على دراسة التنظيمات الرسمية بمعناها وأسس بنائها التقليدي، فان التحول الذي حدث بعد الحرب العالمية الثانية نحو دراسة العلاقات غير الرسمية في العمل، والدوافع، وأنماط القيادة، وسلوك الجماعات، والرضا، والإثراء الوظيفي وغيرها من جوانب السلوك التنظيمي لا يعني عدم الاعتراف بواقعية النظرية التقليدية في الإدارة، بمعنى أن إسهامات الكلاسيك أمثال تيلور وفايول وايرويك وغيرهم ما زالت قائمة حتى الآن ويتم تطبيقها (جزئياً أو كلياً، شعورياً أو لا شعورياً) في جميع المنظمات الحديثة بغض النظر عن طبيعة نشاطها.

وفي هذا الخصوص يشير ليفي إلى أن مبادئ النظرية التقليدية الخاصة بالتخطيط والرقابة وممارسة السلطة والمسؤولية (مبدأ وحدة الأمر، والتخصص، ونطاق الإشراف، وتساوي السلطة والمسؤولية، وتدرج السلطة من أعلى إلى أسفل –

الهرمية، وغيرها من المبادئ الأخرى) يمكن إدراكها في جميع المنظمات بصفة عامة، ليس هذا فحسب، ولكن أصبحت هذه المبادئ بمثابة الوصايا أو المرشد والأساس الذي يجب أن تبنى عليه جميع المنظمات.

وإذا قبلنا الرأي السابق، فان الأمر لا يستلزم الكثير من الجدل حول إمكانيات تطبيق نظريات ومبادئ التنظيم والإدارة المتعارف عليها في البنوك رغم اختلاف طبيعة النشاط فيها عن نظيرة في المنظمات الصناعية والتجارية. فالواقع يشير إلى أن البنك هو بمثابة تنظيم هادف، كما انه عبارة عن نظام مفتوح يؤثر ويتأثر بالبيئة المحيطة، فضلاً عن هذا فان التخطيط واتخاذ القرارات، وبناء السياسات والاستراتيجيات وغيرها من الجوانب المرتبطة بتنفيذ الوظائف الإدارية هي دالة في الكثير من المتغيرات بعضها داخلي (أي داخل البنك) وأخرى خارجية أي ترتبط بالبيئة المحيطة، ومن ثم يمكن القول أيضاً أن ما توصلت إليه المدارس المنظمة للفكر الإداري من نتائج تنطبق أيضاً على البنوك كمنظمات هادفة.

أما فيما يختص بالوظائف التقليدية للمشروع الصناعي - والتي أشار إليها فايول منذ ما يزيد عن سعين عاماً مضت - فيتوافر نظائر لها في البنوك أيضاً.

وبمعنى آخر أن وظائف التسويق، وإدارة القوى العاملة، والتمويل والإنتاج والشراء لا تقتصر فقط على المشروعات الصناعية أو التجارية، فالبنوك تقوم بممارسة هذه الوظائف كما تستخدم تقريباً نفس الأساليب العلمية اللازمة لتنفيذ هذه الوظائف. فالخدمات المصرفية التي تقدمها البنوك هي بمثابة صناعة تحتوي على أنشطة البيع والشراء (أي النشاط التجاري)، كما أن مفهوم الإنتاج لم يعد يقتصر فقط على خلق السلع الملموسة بل امتد ليشمل عملية مزج مكونات الإنتاج لخلق خدمات وتقديم منافع جديدة لإشباع الحاجات المختلفة لجمهور العملاء، ولكي يستطيع البنك تنفيذ هذه الأنشطة يستلزم الأمر وجود بعض الأنشطة المساعدة التي تؤدي عن طريق إدارات مثل القوى العاملة/ إدارة الأفراد وإدارة العلاقات العامة وغيرها.

العوامل المؤثرة في البناء والتكوين التنظيمي في البنوك:

أولاً: الأهداف العامة والمخاطر:

تعتبر الأهداف التي يسعى البنك لتحقيقها والمخاطر التي يحاول تجنبها من العوامل المؤثرة في البناء التنظيمي الخاصة به.

وفي ضوء المقدمة السابقة، وكذلك ما تم مناقشته في الأجزاء الأولى نم هذا الكتاب يمكن القول بان البنك كغيره من منظمات الأعمال يسعى إلى تحقيق عدد من الأهداف، كما انه يواجه العديد من الأخطار أو التهديدات بالنسبة للأهداف فيمكن تصنيفها وتلخيصها في الآتي:

1. الأهداف المالية وتتمثل في الآتي:

   أ. استمرار تحقيق الأرباح.
   ب. تعظيم معدل العائد على الاستثمار.
   ج. المحافظة على نسبة معقولة من السيولة.

2.

   أ. زيادة حصته في السوق – سوق الخدمات المصرفية.
   ب. القيادة في مجال الخدمات المصرفية.
   ج. المحافظة على (أو تحسين) السمعة على المستوى المحلي والدولي.
   د. الصمود أمام المناقشة.

3. الأهداف المرتبطة بالخدمات المصرفية المقدمة (الأهداف الإنتاجية) مثل:

   أ. تحسين الخدمات المصرفية.
   ب. تنويع وتطوير الخدمات المصرفية لمواجهة متطلبات جمهور العملاء.
   ج. تخفيض تكاليف تقديم الخدمات المصرفية.

د.   تخفيض الوقت الضائع.

4. الأهداف الخاصة بالنمو والاستقرار والمحافظة على موارده المادية والبشرية وحمايتها.

5. الأهداف الخاصة بالبقاء والاستمرار وتجنب المخاطر.

6. الأهداف الاجتماعية والبيئية مثل تحقيق مستويات مرضية من العوائد (أو الخدمات) لأطراف التعامل الداخلي والخارجي.

أما بخصوص المخاطر فيمكن تلخيصها في ثلاثة أنواع من الأخطار كالآتي:

أ.   حالات عدم التأكد من الناحيتين السياسة والاقتصادية.

ب.   التضخم والكساد.

ج.   المنافسة.

وبالتالي فان الآثار التنظيمية لمثل هذه الأهداف أو لكي يستطيع البنك تحقيق الأهداف وتجنب المخاطر سالفة الذكر فان الأمر قد يستلزم قيام البنك بإنشاء إدارات أو أقسام لإدارة الأموال والترويج للخدمات المصرفية، والعلاقات العامة، والاستثمار، والبحوث، والتدريب، وغيرها من الإدارات الأخرى، وهذا باختصار يعني انه كلما تعددت أهداف البنك كان من المتوقع تعدد الأنشطة والإدارات أو الأقسام الموجودة فيه.

ثانياً: نطاق الأنشطة والخدمات المقدمة:

ترتبط الأنشطة بالأهداف ارتباطاً وثيقاً، وكما سبق الذكر فان تعدد الأهداف التي تسعى أي منظمة إلى تحقيقها قد يؤدي إلى تعدد وتنوع أنشطتها ومن واقع العرض السابق للاتجاهات الحديثة في مجال صناعة البنوك أو الخدمات المصرفية – كما هو وارد بالفصل الأول – يمكن القول بان أنشطة وخدمات البنك الحديث تتصف بالتعدد والتنوع.

وبالتالي فات الآثار التنظيمية المباشرة لمثل هذا التعدد والتنوع في الأنشطة والخدمات التي يقدمها البنك يكون في شكل إنشاء أو أقسام تقوم بانجازها (وبصفة خاصة إذا اتصفت هذه الأنشطة بكبر الحجم بحيث تبرر عملية القيام بإنشاء هذه الإدارات أو الأقسام).

فالبنك الذي يقتصر نشاطه أو مجال خدماته على الإقراض والإبداع فقط من الممكن أن يكون هيكله التنظيمي كما هو موضح في شكل (1/16) حيث يستلزم الأمر إنشاء إدارة/ قسم للائتمان أو الإقراض وأخرى تكون مهمتها قبول واستلام الودائع وسحبها بالإضافة إلى ما يرتبط بهذين النشاطين من أعمال إدارية ومحاسبية، وبالعكس نجد أن البنك الذي تتنوع أنشطته وخدماته تزداد فيه عدد الإدارات والأقسام وبالتالي يختلف بناءه وهيكله التنظيمي عن البنك محدود النشاط (انظر على سبيل المثال الخريطة الافتراضية السابق عرضها في الفصل الأول).

شكل (1/16)

الهيكل التنظيمي لبنك محدد النشاط

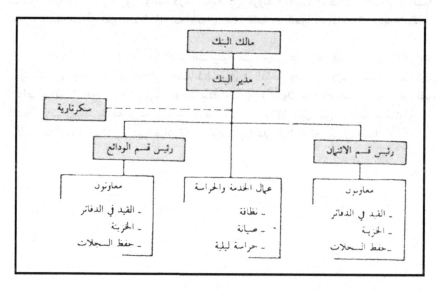

ثالثاً: التخصص:

يقصد بالتخصص هنا المجالات التي يمارس البنك نشاطه فيها وجدير بالذكر انه كلما زادت درجة تخصص البنك كلما كان من المتوقع انخفاض عدد الإدارات والأقسام فيه. فبنك الائتمان الزراعي تقتصر أنشطته على تقديم الخدمات المصرفية لقطاع الزراعة والزراع، وكذلك الحال بالنسبة للبنك العقاري وهكذا. أما البنك التجاري فقد يتعامل مع كافة قطاعات النشاط الاقتصادي (صناعي، زراعي، تجاري... الخ) بالإضافة إلى القطاع العائلي أو الأفراد والهيئات، ومن ثم فان انخفاض عدد الإدارات والأقسام التي يحتويها البنك المتخصص بالمقارنة بالبنك التجاري يعتبر احد الآثار التنظيمية المترتبة على التخصص.

رابعاً: المرونة:

من واقع العرض السابق للاتجاهات الحديثة في مجال الخدمة والنشاط المصرفي يمكن إدراك مدى التقدم الذي حدث في هذا المجال، ولا شك أن ارتفاع درجة المنافسة بين البنوك في سوق الخدمة المصرفية في الداخل والخارج، وكذلك التقدم التكنولوجي والتطور والتعدد والتنوع في حاجات العملاء.... الخ يستلزم بالضرورة وجود درجة عالية من المرونة في البناء التنظيمي والإداري في البنوك لمواجهة واستيعاب أي تغير يحدث في بيئة الأعمال بصفة عامة وفي الجوانب المذكورة بصفة خاصة.

وجدير بالإشارة إلى أن من الآثار التنظيمية التي تترتب على هذا قد تتمثل في إنشاء إدارة لبحوث السوق وإدارة أخرى لتخطيط النشاط المصرفي في الداخل والخارج، وإدارة ثالثة لبحث فرص النشاط المرتقب... الخ، ولا جدل في أن ما ذكر سلفاً حول قيام البنوك الحديثة باستحداث إدارات تقوم بأنشطة ذات طبيعة خاصة لم تكن متواجدة من قبل ما هو إلا دليل على أن التقدم والتطور وما يستلزمه من مرونة قد يؤثر بصورة مباشرة (أو غير مباشرة) على البناء التنظيمي في البنوك،

وهنا يمكن القول بان النموذج العضوي للتنظيم يعتبر أكثر ملائمة من النموذج الميكانيكي (البيروقراطي) لمواجهة أي تغير يحدث كما انه أكثر استجابة للفرص غير المتوقعة ويوفر درجة عالية من اللامركزية في اتخاذ القرارات.

خامساً: الانتشار الإقليمي وتدويل النشاط:

من العرض السابق (في الفصل الأول والحالي) يمكن القول بان الانتشار الإقليمي واتجاه نحو تدويل النشاط قد يترتب عيه الكثير من الآثار التنظيمية. فضخامة الأعباء الإدارية وتعقد العلاقات التنظيمية، وتعدد المستويات التنظيمية وكذلك عدد الإدارات والفروع وزيادة عدد العاملين في البنك كلها تعتبر آثاراً تنظيمية تنشأ أساساً من تعدد فروع البنك سواء في الداخل أو الخارج، ويمكن في هذا الخصوص مقارنة الهيكل التنظيمي الافتراضي الموضح في شكل (2 – 1) بالهيكل الافتراضي الآتي (شكل رقم 2 – 2) للتعرف باختصار على اثر الانتشار الإقليمي وتدويل النشاط على الهيكل التنظيمي لبنك دولي.

شكل 2/16

هيكل تنظيمي افتراضي لبنك دولي

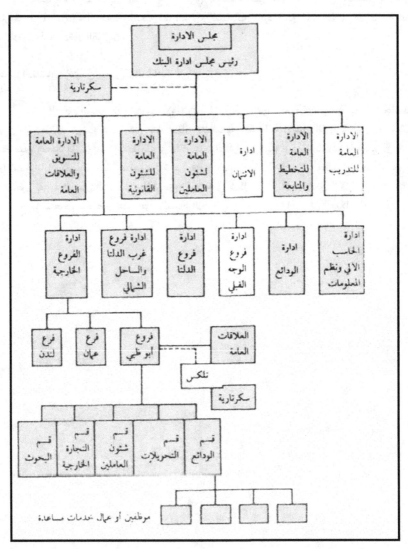

وبصفة عامة يمكن القول بان الهيكل التنظيمي للبنوك متعددة القوميات يتصف بتعدد
أسس بناءة وتعدد العوامل المؤثرة فيه وأيضاً ومثلها في ذلك مثل الشركات متعددة القوميات الذي
يتأثر بنائها وهيكلها التنظيمي بالكثير من

المتغيرات الثقافية والاجتماعية في الدول المضيفة، هذا بالإضافة إلى الشروط المفروضة أو المتفق عليها بينها وبين الحكومة المضيفة حول العمالة ونظم الترقي والنقل والفصل من الخدمة.... وعداها من الشروط الأخرى.

سادساً: التقدم التكنولوجي:

عرضنا سلفاً عدد من المظاهر بالتقدم التكنولوجي وأثرها على صناعة البنوك أو الخدمات المصرفية بصفة عامة، ويمكن القول باختصار أن التقدم التكنولوجي قد أدى إلى تغير ملحوظ في طرق وأساليب ممارسة الأنشطة وكذلك في بناء الهياكل التنظيمية في جميع المنظمات، وقد تبلور هذا التغير في إعطاء المزيد من المرونة للبنوك ليس فقط في مواجهة ظروف ومتطلبات سوق الخدمة المصرفية في الداخل ولكن أيضاً في توسيع دائرة نشاط البنوك في الخارج.

وفي هذا الخصوص يمكن تناول بعض الآثار المترتبة على استخدام الحاسب الآلي على سبيل المثال - بالنسبة لكل من الأنشطة التنظيمية والهيكل التنظيمي بصفة عامة (من واقع ما يراه السلمي) وذلك على النحو التالي:

أولاً: آثار الحاسب الآلي على الأنشطة التنظيمية:

ويمكن تلخيص هذه الآثار في الآتي:

1. يؤدي استخدام الحاسب الآلي إلى تحقيق درجة أعلى من التكامل والترابط بين الأنشطة التنظيمية المختلفة باعتبارها نظماً فرعية تعمل جميعاً في إطار نظام اكبر من ذلك مثلاً الربط بين نظامي الإنتاج والتسويق أو بين نظامي المخازن والمشتريات، أو في حالات أكثر تقدماً بين هذه النظم الفرعية الأربعة جميعاً، ويمكن أن نستدل من هذه الحقيقة على مدى التغيير الذي لا بد أن يشمل وظيفة التخطيط الإداري ووظيفة الرقابة والمتابعة من جانب، والتغيير في خصائص ومهارات المديرين المسؤولين من جانب آخر.

2. كذلك يحقق استخدام الحاسب الآلي تغييرات هامة في مجال الأنشطة المكتبية والكتابية وتدفق العمليات الروتينية ونوعيات النماذج والسجلات المستخدمة في التنظيم، ولعل هذا الجانب هو أوضح الأمثلة على تأثير الحاسب في التنظيم، فهذه الأنشطة تتصف عادة بضخامة حجمها وانتشارها في كل أركان التنظيم، ومن ثم ضخامة عدد الأفراد العاملين بها، والوقت المستغرق فيها، ومن أمثلة هذه الأنشطة إمساك الحسابات وحسابات الأجور، والعملاء....الخ.

وقد يترتب على استخدام الحاسب الآلي آثار بارزة على التنظيم:

أ. تخفيض عدد الأفراد العاملين في تلك الأنشطة.
ب. تغيير في نوعيات المهارات اللازمة للعاملين.
ج. إسراع في العمليات ومن ثم خفض للتكلفة.
د. إمكانية مركزية العمليات وأحكام السيطرة عليها.

3. وقد انتشر استخدام الحاسب الآلي في تخطيط وإدارة العمليات الإنتاجية والتسويقية وغيرها من الأنشطة الحيوية بالتنظيم، وكان من آثار ذلك الاستخدام زيادة الاتجاه إلى إنشاء نظم متكاملة للمعلومات تعتمد على بنوك المعلومات وترشيد عمليات اتخاذ القرارات وإمكان تطبيق أساليب متطورة لحل المشكلات مثل بحوث العمليات والمحاكاة ونظرية المباريات.
4. كذلك انعكس آثار استخدام الحاسب الآلي بوضوح على وظيفة التخطيط وكانت ابرز ملامح التغيير فيها كالآتي:

أ. أصبح لتوفر قدر اكبر من المعلومات الدقيقة عن شتى مجالات العمل أن أصبحت الإدارة قادرة على وضع خطط سليمة تمتد لسنوات أطول في المستقبل.
ب. يمكن الآن أعداد خطط تأخذ في اعتبارها التفاعل بين عدد اكبر من المتغيرات، ومن ثم فان تقييم آثار هذه المتغيرات على نتائج الخطط يدخل الآن في عداد الحساب العلمي بعد أن كان يعتمد على التقديرات والأحكام الشخصية للمديرين.

ج. يستطيع الحاسب الآلي الآن اختيار النتائج المحتملة لعدد من القرارات البديلة، ومن ثم فان أسلوب التجربة والخطأ في اتخاذ القرارات قد انتقل من التجربة في الواقع إلى التجربة على الورق بكل ما يحققه ذلك من وفر في الجهود ولتجنب للخسائر وتعظيم للعائد.

د. ونتيجة لطاقات الحاسب الآلي يمكن الآن أيضاً اتباع نظم التخطيط المرنة حيث في الإمكان تعديل الخطط بسرعة استجابة للتغييرات في الظروف والأوضاع المناخية.

ه. وأخيراً فان أسلوب التخطيط الشامل الذي ينظر إلى التنظيم باعتباره نظاماً متكاملاً أصبح الآن أمراً ممكناً.

5. كذلك فان آثاراً ايجابية هائلة قد تحققت في مجال وظيفة الرقابة الإدارية من حيث القدرة على وضع معايير رقابية دقيقة، وإعداد نظم للرقابة الشاملة، وتخفيض الفارق الزمني بين التنفيذ والرقابة وإعداد تقارير رقابية شاملة وسريعة، وكذا التوسع في تحليل نتائج الرقابة واستنتاج مؤشرات هامة تسمح ليس فقط بالتعرف على الانحرافات الفعلية بل أيضاً التنبؤ باحتمالات الانحراف.

ثانياً: آثار الحاسب الالكتروني على هيكل التنظيم:

ويشير السلمي في هذا الصدد إلى الآتي:

كان لاستخدام الحاسب الآلي (كنموذج للتكنولوجيا المعاصرة) آثار هامة على تركيب الهيكل التنظيمي وتكوين عناصره وطرق السلوك التنظيمي بشكل عام ونستطيع إجمال تلك الآثار كما يلي:

أ. يتحقق عن استخدام الحاسب الآلي درجة أعلى من الترابط في هيكل التنظيم حيث تتكامل الأجزاء وتتوثق علاقتها نتيجة للوحدة في إجراءات تجميع المعلومات وتنميط الإجراءات في معالجة البيانات، واتباع نظام

للتخطيط الشامل تتجاهل الفواصل بين الأقسام والإدارات وتنظر إلى التنظيم كوحدة متكاملة. كما أن أسلوب الأعداد لاستخدام الحاسب وتصميم نظم العمل والذي يتخذ شكل تكوين فرق مشتركة من العاملين في أجزاء التنظيم المعينة يعتبر هو الآخر من العوامل المساعدة في تحقيق الترابط التنظيمي.

ب. وتتجه آثار الحاسب الآلي إلى عنصر هام من عناصر التنظيم هو الأفراد وفي هذا المجال فان أهم الآثار المشاهدة هي تخفيض أعداد العاملين في التخصصات التي يحل الحاسب محلها (كالأعمال المكتبية اليدوية) والحاجة إلى أفراد ذوي مهارات خاصة لشغل الوظائف الجديدة التي تنشأ عن استخدام الحاسب مثل محللي النظم ومخططي البرامج وغيرهم من أصحاب الخبرة والتأهيل، من ناحية أخرى، فان المراكز الاجتماعية والأهمية النسبية لشاغلي الوظائف المختلفة تميل إلى التباين نتيجة للتغيرات السابقة، وعلى ذلك تختلف موازين القوى في التنظيم.

ج. نتيجة لاستخدام الحاسب الآلي لابد من إدخال تغييرات هيكلية في التنظيم تمس العمليات التي تم تطبيق الحاسب بالنسبة لها، وكذلك العمليات المرتبطة بها. وتتركز هذه التغييرات عادة في درجة أعلى من المركزية، وتقصير خطوط الاتصال، بما يترتب على ذلك من امكان الالتجاء إلى نطاق أوسع بالاشراف، ومن ثم يتجه هيكل التنظيم في ذلك الجانب إلى النمط المسطح Flat Stracture بدلاً من النمط الطويل Tall stracture.

سابعاً: المؤثرات البيئية:

البنك هو نظام تم تصميمه وبناءه لتحقيق بعض الأهداف المحددة (مثل تحقيق معدل عائد على رأس مال الملاك) من خلال بيع أو تقديم الخدمات المالية بطريقة شرعية.

ولا شكل أن تطبيق فكرة / مفهوم النظام "System" من واقع اسهامات كاتز وكان & Katz Kahn بالنسبة للبنك، فإن هذا يعني انه لكي يحقق أهداف البنك عليه القيام بالآتي:

1. قيام البنك باستيراد (الحصول على) عناصر الانتاج / الطاقة من البيئة مثل: العمل، الأموال، التجهيزات الرأسمالية والتشغيلية.
2. تحويل العناصر السابقة إلى خدمات مالية.
3. تصدير الخدمات المصرفية إلى البيئة.
4. تكرار العمليات السابقة (1)، (2)، (3).

وإذا حدث أي تعارض بين أهداف البنك وخصائصه وأنشطته المختلفة وكذلك مخرجات أو نواتج أنشطة وبين البيئة ومتطلباتها فإن هذا ينعكس على كل من:

أ. الأرباح.
ب. حصة البنك من سوق الخدمة المصرفية.
ج. قدرته على الحصول على الخبرات والكوادر الفنية والإدارية.
د. العلاقات الإنسانية / الصناعية في البنك.
ه. بقاء واستمرار ونمو البنك.

كما أن أي تغير قد يحدث في البيئة فإن هذا يعني ضرورة تكيف البنك مع هذه التغيرات. وفي هذا المجال يمكن ذكر بعض الأمثلة للتغيرات البيئية التي تؤثر على صناعة البنوك بصفة عامة والآثار التنظيمية المتوقعة:

العوامل البيئية	بعض الآثار التنظيمية المتوقعة
1. التقدم التكنولوجي	أنظر ما ذكر في خامساً.
2. زيادة درجة المنافسة	إنشاء إدارة للتخطيط والبحوث أو تنويع الخدمات والأنشطة. أو استبعاد الأنشطة والخدمات الغير مربحة.

3. الكساد الاقتصادي في الدولة	تدويل نشاط البنك. أو الاندماج مع بنوك اخرى. أو تخفيض عدد العامليين والانشطة.
4. ارتفاع نفوذ اتحاد العمال	إنشاء إدارة للعلاقات الصناعية

الأهداف والأسس والمحاور الرئيسية في التكوين التنظيمي: تجميع الأنشطة وإنشاء الإدارات والأقسام في البنوك.

أولاً: الأهداف:

من الخطوات الهامة في التنظيم هي تكوين الوحدات التنظيمية داخل المنظمة ويعتبر التكوين التنظيمي أحد الأدوات والأساليب الرئيسية لمواجهة قيود واحتمالات التغير أو عدم الثبات في ظروف بيئة العمل الداخلية والخارجية فتكوين الوحدات التنظيمة يساهم في تحقيق درجة من السيطرة على مسارات العمل وتنفيذه ومواجهة التغير. كما يساعد التكوين التنظيمي أيضاً في بناء الهيكل التنظيمي للمنظمات. ولمواجهة قيود البيئة الخارجية ـ حيث تقلل أو تنعدل قدرة البنك على السيطرة عليها ـ تلجأ البنوك أحياناً لإنشاء إدارة أو قسم للبحوث والمعلومات، أو إنشاء إدارة أو قسم لخدمات الكومبيوتر بدلاً من الاعتماد على جهات خارجية لتجنب تحكم هذه الجهات في نشاط البنك في هذا الشأن. ومثل البنك في هذا كمثل أي منظمة أخرى، فقيام المستشفى بإنشاء قسم لتنظيف وغسيل ملابس المرضى وأثاث الأسرة ـ في الوقت الذي يمكن فيه إسناد هذه العملية إلى منظمة أخرى متخصصة ـ إنما يستهدف في الواقع تجنب تحكم أي منظمة خارجية في مسارات تنفيذ العمل بها صحيح أن قدرة البنك على إنشاء إدارة أو قسم للحاسب الآلي أو خدمة المعلومات أو البحوث مثلاً تتوقف على مدى توافر الموارد المادية والبشرية لديه ولكن يجب الاعتراف بأن المبررات الخاصة بإنشاء مثل هذه الإدارة تظل غير قابلة للجدل إلى حد كبير.

بناء على ما سبق، يمكن القول بأن أهداف تجميع الأنشطة وتكوين الإدارات والأقسام تتمثل في المساعدة في بناء الهيكل التنظيمي وكذلك تكوين الأقسام والإدارات، وكذلك مواجهة ظروف وقيود البيئة. هذا بالإضافة إلى ما يلي:

أ. ضمان الاهتمام بكل وظيفة أو عمل أو مركز.
ب. تحديد علاقة الوظائف والأعمال والمراكز.
ج. يؤدي إلى أن تسير الأعمال في خطوات منتظمة.
د. القضاء على الاحتكاك والتضارب والتنازع على الأعمال.
ه. يساعد على التنسيق بين الأعمال والوظائف والمراكز.
و. يساعد على تحديد تكاليف الأداء.

ثانياً: أسس ومحاور تجميع الأنشطة وتكوين الإدارات والوحدات والأقسام:

تتكون وحدة العمل Work Unit أو ما يطلق عليه الإدارة أو القسم من مجموعة أنشطة ومهام تستهدف إنجاز عدد من الواجبات المحددة التي تساهم في تحقيق هدف معين يسعى البنك إلى بلوغه.

وقبل الدخول في شرح الأسس والمحاور الرئيسية لتجميع الأنشطة وتكوين الإدارات والأقسام قد يكون من المفيد تحديد ما هي أنواع وحدات العمل أو الوحدات التنظيمية الواجب أو الممكن إنشائها في البنك. وفي هذا الخصوص يرى البعض أن الوحدات التنظيمية في المنظمة (البنك) يمكن نقسيمها إلى ثلاث أنواع رئيسية هي:

1. وحدات التنفيذ وتنقسم هذه الوحدات إلى نوعين كالآتي:
أ. وحدات التنفيذ الرئيسية وهي تقوم بأداء الأعمال التي تهدف مباشرة إلى تحقيق الهدف الرئيسي للمنظمة (البنك) وفي هذا الصدد تجدر الإشارة إلى أن طبيعة نشاط البنك ومجالاتها المختلفة يمكن معرفتها من واقع نوع وعدد وحدات التنفيذ الرئيسية فيه.

ب.   وحدات التنفيذ التكميلية. وهي عبارة عن وحدات تساعد الوحدات الرئيسية في البنك على إنجاز أنشطتها كما انها لا تقل أهمية عن 9 وحدات التنفيذ الرئيسية حتى وان اختلفا في الحجم. وفي هذا الشأن يجب الإشارة إلى ان التجانس بين طبيعة نشاط وحدات التنفيذ الرئيسية وطبيعة نشاط وحدات التنفيذ التكميلية لا يمثل ضرورة يفرضها واقع العمل في الكثير من الأحيان.

2.   وحدات الخدمة وتقوم هذه الوحدات بتوفير كافة الخدمات الضرورية لوحدات التنفيذ الرئيسية أو التكميلية وغيرها من الوحدات الأخرى وتمثل وحدات القيادة في البنك حتى يتسنى لهم القيام بالعمل واستمرار تدفقه بأسرع وايسر السبل وأكثر اقتصاداً وتقوم وحدات الخدمة في البنك بالخدمات الفنية خاصة بصيانة المباني والتهوية والإضاءة والنظافة واصلاح الأجهزة وأدوات العمل وتداولها، والخدمات الإدارية الخاصة بكل ما يتعلق بشئون العاملين والسكرتارية والحفوظات وتداول المكاتبات وغيرها.

وفي هذا الصدد، تجدر الإشارة إلى أن الكثير من هذه الخدمات يمكن تقديمها بطريقة مركزية حيث يتم إنشاء إدارة أو قسم يقوم بهذه الخدمات على مستوى البنك ككل، أو قد يتم تقديمها بطريقة لا مركزية، ويتوقف الامر بصفة عامة على اعتبارات كثيرة اهمها حجم البنك ومدى انتشاره جغرافياً، ومدى توافر الموارد المالية والبشرية، وكذلك طبيعة الخدمة المقدرة ومدى أهميتها لكافة أجزاء البنك.

3.   وحدات القيادة. تمثل وحدات القيادة الامتداد العقلي والفكري للرئيس الإداري التي تعمل على تقوية إمكانياته في السيطرة على المنظمة وتوجيهها بما تقدمه له في كل الأوقات من استشارة ومن نصح ومن معلومات يضيف تخصصه الفني عن الإلمام به أو وقته عن الحصول عليه وبذلك يمكن تحديد أهداف 9 وحدات القيادة في البنك كالآتي:

أ.   تحقيق فاعلية القيادة.

ب.   تحقيق الربط والتنسيق بين الأجهزة المتخصصة داخل البنك بما يحقق توازنه وتكامله.

وتنطوي وحدات القيادة الأساسية الآتية:

أ.   التخطيط.

ب.   المعلومات والإحصاء.

ج.   التطوير والتنمية.

أما بخصوص الأسس والمحاور الخاصة بتجميع الأنشطة وتكوين الوحدات أو الادارات والأقسام، فيمكن عرضها على النحو التالي:

1. التجميع على أساس مدى الحريات. يمكن تجميع الأنشطة على أساس درجة الحرية المتاحة بحيث تقسم الأنشطة إلى بعدين الأول يمثل المدى الأفقي للمهمة والذي يشير إلى عدد العمليات المتصلة أو المتشابهة التي يوديها فرد واحد. وفي هذه الحالة إذا كان المدى الأفقي ضيق فإن المهمة تكون روتينية والعكس بالعكس. أما البعد الثاني فهو المدى الرأسي والذي يشير عدد المراحل المتميزة التي تحتويها المهمة أو النشاط وإذا كان المدى الراسي ضيق تصبح المهمة جامدة مثال ذلك كان التسجيل أما إذا كان المدى الراسي فإن هذا يعني وجود حرية كبيرة لشاغل الوظيفة في اختبار طريقة العمل ومثال ذلك كاتبة الآلة الكاتبة.

2. التجميع على أساس درجة التغير. يمكن تجميع الأنشطة على أساس درجة التغير التي يتعرض لها النشاط. أي ما إذا كانت المهمة التي يقوم بها الفرد / الإدارة شبه ثابتة ودائمة، أو أنها مؤقتة.

3. التجميع على أساس درجة التماثل والتكامل. ووفقاً لهذا الأساس يتم تجميع الأنشطة التي تتماثل أو تتكامل فيها جهود الأفراد.

4. التجميع على أساس الارتباط يمكن تجميع الأنشطة على اساس درجة ارتباطها ببعضها، أي الدرجة التي يعتمد فيها مهمة على ما قبلها وبعدها من مهام أو أنشطة مثل تجميع خدمة العميل وعقد الصفقات في مهمة واحدة وفي هذا الصدد يجب الأخذ في الاعتبار العوامل الآتية:

أ. تكامل المهام حيث تعطي للفرد سيطرة على الظروف المؤثرة في عمله وبذلك يمكن تقييم الأداء.

ب. القدرات اللازمة لأدائها حيث تساعد في تحديد اسس اختبار الأفراد وتحقيق نتائج أفضل.

ج. التخصص، حيث في تركيز الآداء في عدد محدود من الأنشطة ويساهم في تنمية المهارات.

ثالثاً: محددات بناء الهياكل التنظيمية:

يتفاوت الهيكل التنظيمي من بنك إلى آخر بتفاوت العوامل المؤثرة على بناء الهيكل التنظيمي المعين. فالهيكل التنظيمي في أي منظمة يتأثر وبصفة عامة بالكثير من العوامل والمتغيرات. وبقدر اختلاف درجة تأثر البنك بكل متغير من المتغيرات بالمقارنة بالبنك الآخر يقدر ما يكن من تباين في الهيك التنظيمي بينهما.

ويمكن تصنيف المتغيرات التي تؤثر على الهيك التنظيمي في البنوك باختصار على النحو التالي:

1. خصائص البنك وأهدافه:

لا شك أن اختلاف البنوك فيما يتعلق بطبيعة ومدى تنوع النشاط، والأهداف، وكذلك الحجم، بالإضافة إلى مدى توافر الموارد المادية والبشرية قد يؤثر بدرجة كبيرة على بناء وتصميم الهيكل التنظيمي في كل بنك.

وبرغم وجود بعض الأنشطة النمطية (إدارية، وظيفية مثل الاقراض وقبول الودائع مثلاً) التي تمارس في كل البنوك، إلا أنه من المتوقع اختلاف الهيكل التنظيمي في البنك المتخصص (مثل البنك العقاري) عن نظرة في بنك تجاري مثل البنك الأهلي المصري وإذا كانت الأنشطة التي يمارسها البنك المعين وكذلك نطاق ومدى تنوع هذه الأنشطة هي في الواطع دالة في أهداف هذا البنك فإنه من المتوقع أيضاً اختلاف الهياكل التنظيمية بين البنوك باختلاف أهدافها. ومن ثم كلما تعددت أهداف البنك وأغراضه كلما أدى هذا إلى تنوع أنشطة وتعددت ومن ثم فإن هذا يؤثر على بناء الهيكل التنظيمي بالقياس مع الفارق فإن كبر حجم البنك وضخامة موارده يعتبر أيضاً أحد العوامل المؤثر في بناء الهيكل التنظيمي. ويرجع هذا إلى أن كبر الحجم وضخامة الموارد المادية والبشرية يرتبط عادة بعدد الأنشطة الممارسة داخل البنك، وبالتالي تتعدد الوحدات والأقسام فيه ويزداد عدد العاملين بالبنك كما تزداد الحاجة إلى إنشاء وحدات للمتابعة والرقابة ... الخ وهذا يؤثر إلى حد كبير على الهيكل التنظيمي.

وخلاصة ما سبق يمكن عرضها في التوقعات الآتية:

أ.   تعدد أهداف البنك يؤدي إلى تنوع الأنشطة ← تعدد الوحدات ← كبر وتعقد الهيكل التنظيمي.

ب.   كبر حجم البنك يؤدي إلى تعدد الأنشطة ← تعدد الوحدات ← كبر وتعقد الهيكل التنظيمي.

ج.   ضخامة موارده المادية والبشرية ← تنوع وتعدد الأنشطة ← تعدد الوحدات ← كبر وتعقد الهيكل التنظيمي.

د.   اختلاف البنوك في (1)، (2)، (3) ← تباين واختلاف الهياكل التنظيمية ودرجة تعقدها.

2. العوامل التنظيمية المؤثرة في الهيك التنظيمي بالبنك.

في هذا الخصوص يمكن القول بأنه من بين العوامل الإدارية التي تؤثر على بناء وتصميم الهيكل التنظيمي في البنوك ما يلي:

أ. درجة التخصص وتقسيم العمل المطبقة في البنك.
ب. فلسفة الإدارة واتجاهاتها نحو نطاق الرقابة والاشراف الممكن والمسموح به لكل مركز إداري وإشرافي في البنك.
ج. درجة المركزية المطبقة في اتخاذ القرارات وتنفيذ العمليات والأنشطة الادارية المختلفة (التخطيط والتنظيم والتوجيه والرقابة) في البنك.

ويمكن تلخيص الآثار المترتبة والمتوقعة الناجمة من العوامل السابقة على الهيكل التنظيمي في البنك المعين على النحو التالي:

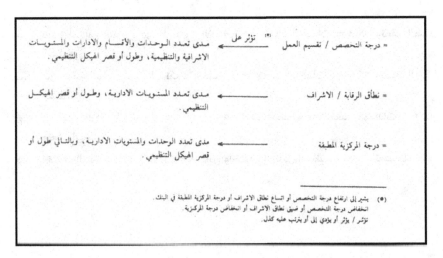

= درجة التخصص / تقسيم العمل	(*) تؤثر على ←	مدى تعدد الوحدات والأقسام والادارات والمستويات الاشرافية والتنظيمية، وطول أو قصر الهيكل التنظيمي.
= نطاق الرقابة / الاشراف	←	مدى تعدد المستويات الادارية، وطول أو قصر الهيكل التنظيمي.
= درجة المركزية المطبقة	←	مدى تعدد الوحدات والمستويات الادارية، وبالتالي طول أو قصر الهيكل التنظيمي.

(*) يشير إلى ارتفاع درجة التخصص أو اتساع نطاق الاشراف أو درجة المركزية المطبقة في البنك.
انخفاض درجة التخصص أو ضيق نطاق الاشراف أو انخفاض درجة المركزية.
تؤثر / يؤثر أو يؤدي إلى أو يترتب عليه كذلك.

ويوضح الشكلين الآتيين بعد، الآثار المترتبة على العوامل السابقة فيما يختص بناء الهيكل التنظيمي وشكله.

شكل رقم (3/16)

تأثير ارتفاع درجة المركزية وانخفاض درجة التخصص وتقسيم العمل واتساع نطاق الاشراف على الهيكل التنظيمي

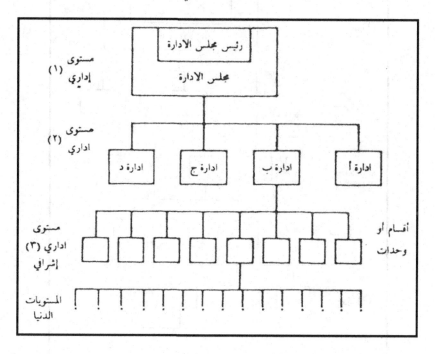

النتيجة هي: بناء هكيل تنظيمي قصير ومفرطح حيث تقل عدد المستويات الإدارية والاشرافية.

شكل رقم (4/16)

تأثير انخفاض درجة المركزية وارتفاع درجة التخصص وتقسيم العمل وضيق نطاق الاشراف على الهيكل التنظيمي

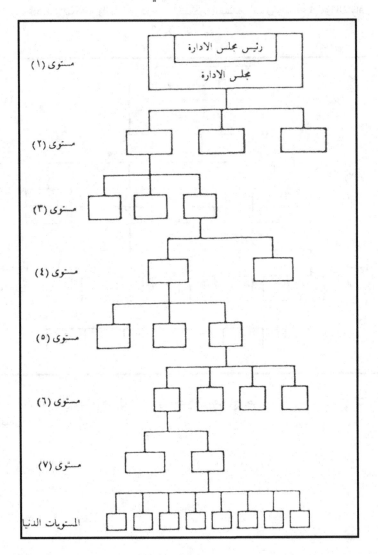

النتيجة هي: بناء هيكل تنظيمي طويل ورفيع حيث تتعدد فيه المستويات الادارية والاشرافية

3. **العوامل البيئية:**

تتعدد وتتباين المتغيرات البيئية التي تؤثر على أهداف وأنشطة البنوك في أي مجتمع. وبالرغم من تفاوت درجات تأثير المتغيرات البيئية على منظمات الأعمال بصفة عامة إلا أن أحداً لا يستطيع تجاهل حقيقة مؤداها أن بقاء واستمرار أي منظمة يتوقف إلى حد كبير على درجة تكيفها مع البيئة وهذا يستلزم الفهم والإدراك الكامل للعلاقات التبادلية والتكاملية بين البيئة والمنظمة. فكل من منظمات الأعمال ـ ومن بينها البنوك ـ والمجتمع يرتبطان بعلاقات تبادل وتكامل تستهدف تحقيق هدف أو مجموعة من الأهداف. كما أن بقاء ووجود أي طرف منهما هو شرط لبقاء أو وجود الآخر. ومن ثم فإن كل طرف منهما يؤثر ويتأثر بالآخر حتى وإن كان وجود البيئة يسبق وجود المنظمة في كل الظروف.

فالبيئة التي يعمل فيها أي مشروع تنطوي أو تقدم فرص النجاح أو الفشل وتحدد سلوك وخطط استراتيجيات المشروع لتحقيق أهدافه. كما أن العرض والطلب (قوي السوق) على سلعة أو خدمة معينة ما هي في الواقع إلا متغيرات أو نواتج لبيئة تحدد مستقبل وبقاء المشروع.

شكل رقم (5/16)

العلاقة بين البيئة بأنظمتها وأطرافها المختلفة والبنوك

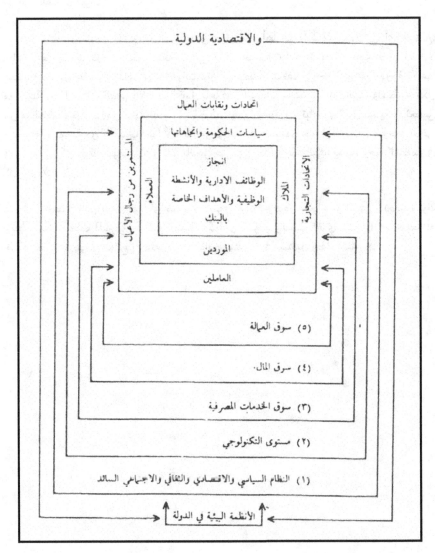

المتغيرات السياسية والثقافية:

ويمكن توضيح بعض المتغيرات البيئية - بصورة مجملة - التي قد تمارس تأثيراً مباشراً أو غير مباشر على إنجاز الوظائف الإدارية والأنشطة الوظيفية والأهداف الخاصة بالبنك وذلك من واقع الشكل الآتي بعد (شكل رقم 5/16) مع الأخذ في الاعتبار الافتراضات والحقائق التي يمكن عرضها باختصار على النحو التالي:

1. أن تنوع أنشطة البنك وتعددها يتوقف على درجة تنوع وتعدد الفرص التي تقدمها البيئة.
2. أن تنوع وتعدد أنشطة البنك قد يؤدي إلى تعدد الوحدات التنظيمية والوظيفية فيه.
3. أن الانتشار الجغرافي للبنك داخلياً (على مستوى الدولة)، وخارجياً يتوقف إلى حد كبير على الفرص المتاحة والمربحة للبنك، هذا مع بقاء العوامل الأخرى ثابتة. ومن ثم فإن الانتشار الجغرافي لأنشطة البنك وعملياته يترتب عليه الكثير من الآثار التنظيمية التي يتمثل بعضها في تعدد وحداته وفروعه المر الذي يستلزم بناء وتصميم الهيكل التنظيمي بحيث يحقق الأهداف المختلفة للبنك من جراء الانتشار الاقليمي المحلي أو الدولي.
4. تتنافس البنوك مع غيرها من منظمات الاعمال على خدمات مقومات وعناصر الانتاج المختلفة، بالإضافة إلى تنافس البنوك فيما بينها بخصوص استغلال الفرص وتجنب التهديدات البيئية فضلاً عن تنافسها في الحصول على دعم الحكومة وزيادة حصصها في سوق الخدمات المصرفية واسواق الاستثمار وميادين الاعمال المختلفة.
5. أن طبيعة النشاط المصرفي يتأثر إلى حد كبير بالنظام السياسي والاقتصادي والثقافي والاجتماعي داخل الدولة، كما أنه يتأثر بالحالة وبالأنظمة السياسية والاقتصادية الدولية في نفس الوقت.

6. أن اختلاف طبيعة السوق وهيكل المنافسة فيه قد يؤثر مع بقاء العوامل الأخرى ثابتة على أنشطة البنوك. وبالتالي فإن أي تباين أو اختلاف في أنشطة البنوك قد يترتب عليه تباين الهياكل التنظيمية بين البنوك.

7. إذا كان من الممكن تقسيم آثار التغير في العوامل البيئية إلى ثلاثة أنواع هي الآثار السلبية والآثار الايجابية والاثار الحيادية فإن أي تغير يحدث في البيئة قد يترتب عليه الكثير من الآثار التنظيمية وعلى سبيل المثال فإن اتخاذ الحكومة لقرار منشأنه الحد من الاستيراد أو التصدير، أو فتح الباب أمام الاستثمارات الأجنبية والذي قد يترتب عليه سيادة حالة الكساد في الدولة فإن هذا قد يضطر بعض البنوك إلى إغلاق بعض فروعها أو التخلص من جزء من العمالة ومن ثم قد يؤدي هذا إلى التأثير على الهياكل والبناء التنظيمي للبنك.

8. أن التطور التكنولوجي في صناعة البنوك يترتب عليه الكثير من الآثار التنظيمية وقد سبق أن أوضحنا في الفصل الأول الكثير من الأمثلة في هذا الخصوص.

وأخيراً وعلى سبيل المثال يمكن توضيح أثر الانتشار الجغرافي والتقدم التكنولوجي كمتغيرين بيئين على بناء الهيكل التنظيمي من واقع الخرائط التنظيمية لبنكين افتراضيين هما بنك "أ"، "ب" والموضحة في شكل رقم (6/16) وشكل رقم (7/16).

شكل رقم (6/16)

الهيكل التنظيمي لبنك (أ)

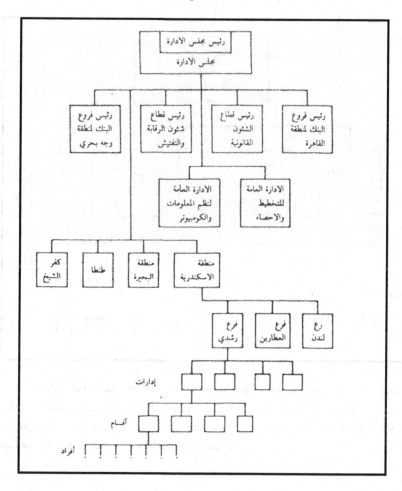

شكل رقم (7/16)

الهيكل التنظيمي لبنك (ب)

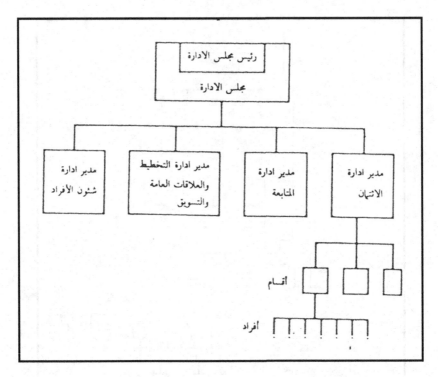

وكخاتمة لهذا الفصل تجدر الإشارة إلى أن ما سبق عرضه في الفصل الأول من اتجاهات حديثة في مختلف جوانب الأنشطة والخدمات التي تضطلع بها البنوك في الوقت الحالي تمارس تأثيراً مباشراً على البناء التنظيمي والاداري للبنوك بصفة عامة، ويمكن إدارك ذلك من الواقع الأمثلة التي طرحت عند تناول هذه الاتجاهات وبالتفصل في الفصل السابق.

أولاً: العوامل الواجب أخذها في الاعتبار عند اختيار الهيكل التنظيمي الملائم:

أشار وولكار ولورش "Walker & Lorsch" إلى عدداً من العوامل أو الاعتبارات التي يجب أخذها في الحسبان عند اختيار الهيكل التنظيمي الملائم، ومن بين هذه العوامل ما يلي:

1. يجب اختيار النمط الذي يسمح بالاستخدام الأمثل للمعلومات والمعرفة الفنية.
2. يجب اختيار النمط الذي يحقق الاستخدام الأمثل للآلات والتجهيزات الرأسمالية المختلفة.
3. يجب اختيار النمط الذي يحقق مستوى التنسيق والرقابة المطلوب لتحقيق الأهداف.
4. يجب أن يسمح النمط المختار للهيكل التنظيمي بالرسملة أو الاستفادة من جميع التخصصات المختلفة المتوافرة لدى المنظمة.
5. يجب أن يسمح الهيكل التنظيمي بتحقيق التكامل بين الوحدات المختلفة وجهود الأفراد في مختلف التخصصات.
6. أن تحقيق التكامل والتسيق بين المهام والوظائف المختلفة يسلتزم ضرورة توافر نظام جيد ومتطور للاتصال ومن ثم يجب اختيار الهيكل التنظيمي الذي يوفر نظاماً جيداً ومتطوراً للاتصال أو تبادل المعلومات.
7. من واقع (4)، (5)، (6) فإن المفاضلة بين الأنماط المختلفة لبناء الهيكل التنظيمي (مثال ذلك المفاضلة بين الهيكل المبني على اساس الوظائف وذلك الذي يمكن بناءه على أساس المنتج / الخدمة) تستلزم الإجابة على التساؤلات الآتية:

أ. هل يسمح الهيكل التنظيمي المزمع اختياره بتحقيق الاستخدام الأمثل للمهارات والكفاءات المتوافرة، وهل يحقق النمط المختار التميز بين المهارات والخبرات بالتنظيم؟

ب. هل درجة التمايز الموجودة في المهارات بالتنظيم تتوافق مع مستوى أو درجة التكامل المطلوبة في جهود الأفراد والإدارات.

ج. ما هو مدى تأثير الهيكل التنظيمي المختار على قنوات الاتصال الداخلي؟

وبالرغم من أن اختيار الهيكل التنظيمي الملائم يتوقف على الكثير من العوامل والمتغيرات بعضها خارجي والآخر داخلي (داخل التنظيم ذاته) فقد قدم وولكار ولورش "Walker & Lorsch" بعض الاقتراحات يمكن الاستفادة منهما عند المفاضلة بين أثنين من البدائل لبناء الهيكل التنظيمي هما الهيكل المبني على الأساس الوظيفي Functional Type Structure (وظائف المنظمة) والهيكل المبني على اساس المنتج Product Type Structure / Product Organisation ويمكن تلخيص هذه الاقتراحات في الآتي:

1. عندما تكون المهام والأعمال التي يضطلع بها الأفراد أو الإدارات تتصف بالروتينية أو الانتظام فإن التكامل بين الجهود يمكن تحقيقه من خلال الخطط، أما حل المشكلات والتعارض في العمل فيتم التغلب عليها أو حلها رسمياً من خلال التدرج الهرمي داخل التنظيم (الأوامر والتعليمات) ومن ثم فإن الشكل أو النمط الوظيفي من التنظيم يعتبر أكثر ملائمة وتناسباً مع هذه الظروف.

2. كلما كانت المهام المناط بها كل إدارة / فرد تتعامل أو يتم تنفيذها في مواقف وظروف تتصف بالتغير فإن الهيكل التنظيمي المناسب والملائم هو ذلك النمط الذي يبنى على أساس النواتج أو المخرجات (المنتج أو الخدمة).

3. نظراً لأن جميع المنظمات تواجه كل من الموقفين (1)، (2) السابق ذكرهما (أي أنها تحتوي على مهام يتم تنفيذها بصورة منتظمة أو روتينية كما أنها تواجه مواقف وظروف متغيرة حيث يختلف كل موقف عن الاخر وبالتالي تختلف التصرفات والاختيارات الخاصة بالتعامل من موقف إلى آخر) فقد اقترح وولكار ولورش الجمع أو المزج بين كل من النوع الوظيفي والتنظيم على اساس النواتج أو المخرجات (المنتج أو الخدمة).

يضاف إلى ما سبق ضرورة مراعاة الاعتبارات الآتية بعد، عند اختيار الهيكل التنظيمي المناسب.

أ. أن يساعد النمط (الهيكل التنظيمي الذي سيتم اختياره في الاستفادة من مزايا التخصص).
ب. ضرورة مراعاة سهولة الرقابة.
ج. ضرورة أن يساعد الأساس الذي بني عليه الهيكل التنظيمي في تحقيق التنسيق والتكامل بين الأنشطة.
د. يجب مراعاة الاهتمام الملائم بكل نشاط وبكل منطقة جغرافية.
ه. يجب أن يؤخذ في الاعتبار النفقات المرتبطة بكل نمط سيتم اختياره.

ثانياً: الأنماط المختلفة لبناء الهيكل التنظيمي:

من واقع العرض السابق، ومع الأخذ في الاعتبار المحددات والعوامل المختلفة المؤثرة على الهيكل التنظيمي قد يختلف باختلاف مراحل أو دورة حياة البنك ومعدلات نموه في المجالات المختلفة للأنشطة المصرفية بصفة عامة ويمكن توضيح ذلك باختصار مع الاستعانة بالأشكال الآتية بعد (رقم 3 - 1، رقم 3 - 2، رقم 3 - 3) وذلك على النحو التالي:

1. النمط الدائري: يسود هذا النمط من الهياكل التنظيمية في مرحلة تأسيس المشروع وبدء نشاطه حيث تزداد درجة المركزية في اتخاذ القرارات وتأخذ الاتصالات التنظيمية الطابع غير الرسمي ولا يوجد تقريباً أي هيكل رسمي للعلاقات التنظيمية بين الأفراد والوحدات الادراية داخل المشروع. وفي ظل هذا النمط من التنظيم يكون مالك المشروع هو المدير.
2. النمط الوظيفي: يؤخذ بهذا النمط في المرحلة التي تلي مرحلة تأسيس وبدء نشاط المشروع. وفي ظل هذا النمط تزداد درجة المركزية، وتأخذ الاتصالات المنتظمة الطابع الرسمي لتحقيق المزيد من الكفاءة والفعالية.

3. النمط اللامركزي: يحتوي هذا النمط على أكثر من أساس (الجغرافي والوظيفي والعملاء)، وفي هذا النمط من الهيكل التنظيمية نجد أنه عندما يصل المشروع إلى حجم معين يضطر في هذه المرحلة إلى تفويض كافة السلطاة والصلاحيات الخاصة بإنجاز المهام والوظائف التي يقوم بها المشروع إلى رؤساء أو مديري الوحدات التنفيذية والتي بمقتضى هذا التفويض تصبح كل وحدة مستقلة أو تتمتع بدرجة عالية من الاكتفاء الذاتي.

شكل رقم (1/17)

أمثلة لأنماط / أشكال الهيكل التنظيمي وعلاقتها بدرجة اللامركزية والتكوين الرسمي

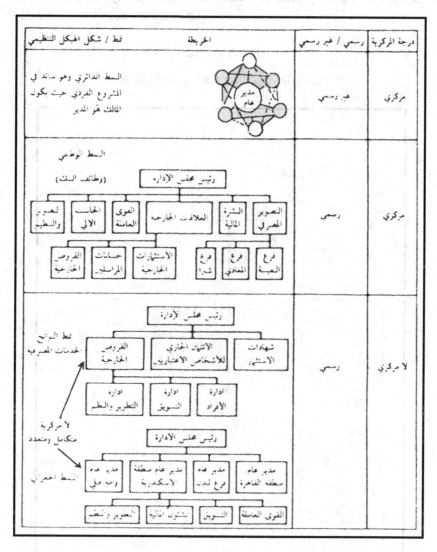

<table>
<tr><th>درجة المركزية</th><th>رسمي / غير رسمي</th><th>الخريطة</th><th>نمط / شكل الهيكل التنظيمي</th></tr>
<tr><td>مركزي</td><td>غير رسمي</td><td>
</td><td>النمط الدائري وهو سائد في المشروع الفردي حيث يكون المالك هو المدير</td></tr>
<tr><td>مركزي</td><td>رسمي</td><td>
</td><td>النمط الوظيفي
(وظائف البنك)</td></tr>
<tr><td>لا مركزي</td><td>رسمي</td><td>
</td><td>نمط الوظائف الخدمات المصرفية
لا مركزية متكامل ومتعدد
النمط الجغرافي</td></tr>
</table>

المصدر: Ibid. P. 395

ملحوظة: أساس التفرقة بين الأنماط المختلفة هو التخصص أو أساس بناء الإدارات أو الوحدات التنظيمية في المستويات الإدارية العليا.

شكل رقم (2/17)

الهيكل التنظيمي المتكامل (اللامركزي المتكامل)

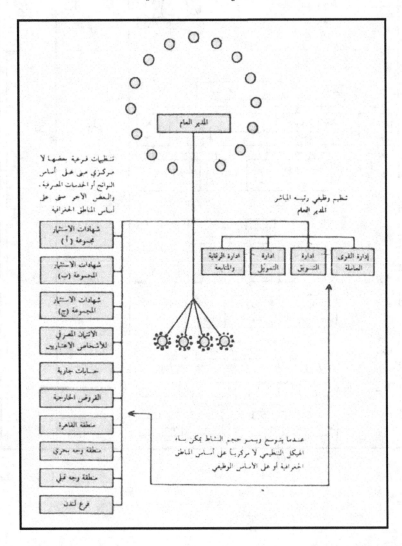

شكل رقم (3/17)

علاقة النمو بالهيكل التنظيمي

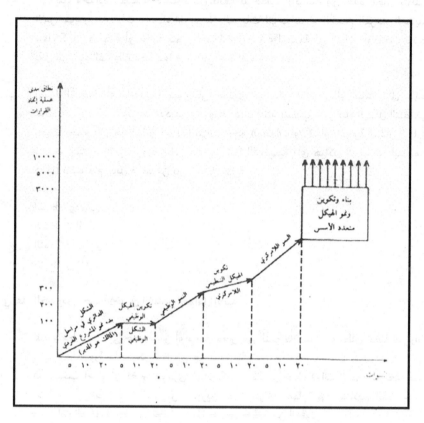

المصدر : بتصرف من Ibid. P. 399

وتكون اللامركزية في هذا النمط من الهياكل التنظيمية أما مبنية على أساس النواتج (الخدمات المصرفية وأنشطة البنك المختلفة) أو على أساس المناطق الجغرافية أو العملاء. ويرتبط بهذا النمط من أنماط بناء الهياكل التنظيمية نوعين آخرين هما:

أ.　نمط لا مركزية النمو: عندما يتزايد معدل نمو البنك وتتوسع أنشطته بدرجة أكبر من المرحلة السابقة (في ظل النمط اللامركزي) تزداد الحاجة

إلى بناء وحدات تنظيمية فرعية تكون تابعة للوحدات الرئيسية وفي هذه الحالة يتطلب الأمر تفويض السلطات وإعطاء المزيد من الحريات للوحدات أو الأقسام الفرعية الجديدة سواء كانت وظيفية أو خاصة بنوع الخدمات المصرفية المقدمة أي النواتج أو كانت ترتبط بكل من الوظائف والأنشطة معاً في مناطق جغرافية متعددة.

ب. النمط المتكامل أو المتعدد الأسس على مستوى الوحدة التنظيمية أو البنك ككل عندما يتضخم حجم البنك وتزداد عدد فروعه. وتتعدد أنشطته يتطلب الأمر بناء الهيكل التنظيمي بحيث يجمع أكثر من أساس وعندما يتزايد حجم الوحدات والأقسام الفرعية المشار إليها في (4) قد يستلزم الأمر ضرورة إعادة بناء هياكلها التنظيمية (أي هياكل الوحدات التنظيمية ذاتها) باستخدام بديل واحد من بين البدائل الآتية:

أ. النمط الوظيفي.
ب. النمط الدائري.
ج. النمط اللامركزي.
د. مزيج من (أ)، (ب)، (ج).

وفي هذا الخصوص يجب الأخذ في الاعتبار العوامل الآتية:

1. عند وصول البنك إلى حجم معين أو معدل معين من النمو فإن مدى أو نطاق اتخاذ القرارات تستلزم بالضرورة بناء هيكل تنظيمي جديد.
2. قد يصعب إجراء أي تغيير جوهري في الهيكل التنظيمي خلال فترات النمو السريعة حيث يستلزم الأمر ضرورة البحث عن مديرين جدد تتوافق مهاراتهم وصفاتهم القيادية مع متطلبات الهيكل التنظيمي الجديد وهذا قد يحتاج فترة من الوقت.

ثالثاً: المزايا والعيوب الخاصة ببعض الأنماط المختلفة لبناء الهيكل التنظيمي:

يمكن تلخيص أهم المزايا والعيوب المرتبطة بكل نمط من أنماط الهياكل التنظيمية السابق عرضها على النحو التالي:

1. **مزايا وعيوب النمط الدائري:**

إن أهم ما يميز هذا النمط هو سهولة وسرعة الاتصال بين أعطاء التنظيم وبين المدير (مالك البنك) وهذا يرجع في الواقع إلى صغر حجم البنك بالدرجة الأولى. كما يتميز هذا النمط بمساهمته في توطيد العلاقات الإنسانية بين الأفراد والقيادات الإدارية. أما بخصو عيوب هذا النمط فيمكن القول بأنه يصعب التعرف على خطوط السلطة والمسئولية بسهولة. كما يصعب أيضاً معرفة نطاق وحدود العمل المناط بكل فرد من واقع الهيكل التنظيمي، وهذا بالطبع يتسبب في خلق الكثير من الصعوبات والمشاكل الخاصة بتنسيق العمل وتحقيق التكامل بين جهود الأفراد أو الإدارات.

2. **مزايا وعيوب النمط الوظيفي:**

يتميز هذا النمط عن سابقة بأنه يوضح الأهمية النسبية لكل وظيفة من الوظائف التي يمارسها البنك كما أنه يساعد في فهم وتحديد طبيعة العلاقات الوظيفية الرسمية. وأن هذا النمط يعتبر أفضل طريقة للتأكد من أن مديري الإدارة العليا. وبصفة عامة يمكن القول أن الأساس الوظيفي هو أكثر الأسس استخداماً لتنظيم الأنشطة ويوجد تقريباً في كل منشأة عند بعض المستويات في هيكل التنظيم.

أما أهم مزايا هذا النوع، فيمكن ذكرها في الآتي:

1. طريقة منطقية لتجميع الأنشطة أثبتت الأيام نجاحها.

2. إن هذا النمط يعتبر أفضل طريقة للتأكد من أن مديري الإدارة العليا سيدافعون عن قوة ومكانة الأنشطة الرئيسية للمنشأة وهذه الحقيقة لها أهميتها بالنسبة لمديري الإدارات الوظيفية الذين يخشون تدخل الإدارات الاستشارية، والتي قد تهدد في بعض الأحيان سلطة المديرين التنفيذية.
3. ضمان الإشراف الكامل على كل نوع من أنواع الأنشطة.
4. يتبع الأساس الوظيفي مبدأ التخصص الوظيفي، وما يترتب عنه من كفاءة في استخدام القوى العاملة.

وبالرغم من مزايا التجميع على أساس الوظائف إلا أن له عيوبه، والتي يمكن ذكر بعضها فيما يلي:

1. أن حجم المنطقة الجغرافية التي تعمل بها المنشأة قد يستدعي بناء الهيكل على أساس المناطق الجغرافية. كما أن انتاج أو شراء العديد من خطوط المنتجات، أو المنتجات المصممة خصيصاً حسب مواصفات بعض المشترين، قد يستلزم بناء الهيكل على حسب المنتجات أو حسب العملاء، وفي مثل هذه الظروف يصعب تحقيق التنسيق إذا تم التجميع على اساس وظيفي.
2. قد يؤدي التجميع الوظيفي إلى تقليل الاهتمام بأهداف المنشأة ككل فالمحاسبين وخبراء الإنتاج ورجال البيع الذين ينمون في إدارات متخصصة كثيراً ما يجدون صعوبة في رؤة المنشأة ككل، كما أن التنسيق بينهم كثيراً ما يكون من الصعب تحقيقه.
3. في ظل هذا النوع يكون رئيس مجلس الإدارة هو الشخص الوحيد الذي يمكن تحميله مسئولية تحقيق الأرباح، وهذا الوضع يكون طبيعياً في المنشأة الصغيرة، ولكن في المنشآت الكبيرة يصبح هذا العبء أكبر بكثير من أن يتحمله شخص واحد.
4. نظراً لأن المركز الإداري العام الأول هو رئيس مجلس الإدارة وأن البنك المنظم وظيفياً لا يمكن اعتباره أفضل مكان لتدريب رجال الإدارة الراغبين في الترقي والتقدم.

3.   **النمط اللامركزي:**

بالنسبة لمزايا هذا النمط يمكن ذكر الآتي:

1.   يساعد على سرعة اتخاذ القرارات.
2.   العام مديري المناطق إلماماً تاماً بالمعلومات الدقيقة الخاصة بتلك المناطق.
3.   سهولة تنسيق الأنشطة المختلفة في المنطقة الواحدة.
4.   يمكن الحصول على مكاسب ناجمة عن الشهرة الطيبة التي تتمتع بها المنشأة في المناطق المحلية.
5.   قد تحقق عمليات المناطق خفضاً في التكلفة يفوق أي زيادة في تكاليف التنسيق والرقابة في المركز الرئيسي.
6.   يقدم هذا النوع من التجميع العديد من المراكز الإدارية عند مستويات تمكن المنشأة من السماح للرؤساء باكتساب الخبرة والتجربة.

أما عيوب هذه الطريقة فمنها الآتي:

1.   صعوبة التنسيق بين المناطق العديدة.
2.   احتمال اتباع سياسات تخالف سياسات المركز الرئيسي.
3.   قد يسيء مديري المناطق استخدام السلطات الممنوحة لهم مما يضر بمركز المنشأة ككل.

أما بخصوص المزايا والعيوب المرتبطة بالنواتج أو الخدمات المصرفية المقدمة فيمكن تلخيصها في الآتي:

1.   تسمح باستخدام المهارات الشخصية والمعرفة المتخصصة في الخدمة المصرفية لأقصى حد ممكن.
2.   تسهل من استخدام المعدات الراسمالية المتخصصة.
3.   التنسيق الكامل بين الوظائف المختلفة بالبنك.

4. سهولة تحديد المسئولية وخاصة بالنسبة لتحقيق الربح.

ومع ذلك فهناك عدداً من العيوب منها:

1. أن هذا النمط وإن كان يحقق التنسيق بين الأنشطة المختلفة في كل إدارة إلا أنه يسبب صعوبات فيما يتعلق بالتنسيق بين هذه الأنشطة للبنك ككل.
2. صعوبة إيجاد مديرين للإدارات القائمة يكون لهم القدرة على الإشراف على كل الأنشطة المتعددة المختلفة.

أما بالنسبة للعملاء، فعندما يكون الاهتمام الرئيسي للبنك هو خدمة عملائه فإنه يميل إلى انشاء وتجميع الأنشطة في إدارات على اساس العملاء ويظهر هذا بصفة خاصة عندما يتعامل البنك مع عدة أنواع من العملاء تختلف حاجتها ورغباتها إختلافاً واضحاً ففي هذه الحالة قد يقوم البنك بتجميع أوجه النشاط بما يتفق وخدمة هؤلاء العملاء أفضل خدمة فمثلاً تجد المنشأة الصناعية التي تبيع لكل من تجار الجملة والمشترين الصناعيين أن حاجات ورغبات هذين النوعين من العملاء مختلفة. كما قد يشعر المنتجون أن أفضل طريقة لترويج مبيعاتهم وزيادتها عند تصنيف العملاء حسب أسس مثل السن، والجنس، والدخل، وتقوم متاجر الأقسام بالتجميع إلى مجموعات مثل أحذية الرجال وأحذية السيدات وأحذية الأطفال. أو قد تعمد بعض هذه المتاجر إلى تخصيص الدور الأرضي لعرض السلع الرخيصة التي يطلبها العملاء ذوي الدخل المحدود. ويعتبر هذا الدور وحدة تنظيمية منفصلة عن المتجر الأساسي الذي يعرض سلعاً لنوع آخر من العملاء القادرين ومن مزايا ذلك:

1. استخدام المعرفة المتخصصة والمفصلة.
2. سهولة تنسيق الأنشطة المتعلقة بالعملاء.
3. ضمان الاهتمام الكافي بالعملاء.

أما عيوب هذه الطريقة فمنها الآتي:

1. صعوبة التنسيق بين الإدارات القائمة على اساس العملاء، وبينها وبين الإدارات القائمة على أسس أخرى.

2. احتمال ظهور طاقات عاطلة من التسهيلات أو القوى العاملة المتخصصة في فترات تقلب نشاط المنشأة حيث قد يختفي نوع من العملاء من السوق.

رابعاً: بعض الإرشادات الخاصة بإعداد الهيكل أو الخريطة التنظيمية:

في هذا الخصوص يمكن القول بأن هناك العديد من الطرق التي يمكن استخدامها لإعداد الهيكل التنظيمي. ويوصي عادة باستخدام طريقة مبسطة تتكون من الخطوات الآتية:

1. إعداد قائمة بكل الوظائف التي ينبغي إنجازها.

2. التمييز بين هذه الوظائف للتجميعات التنظيمية الأساسية والمتفق عليها مثل الأنشطة أو الخدمات والنواتج أو المواقع الجغرافية أوالعملاء ... الخ.

3. بالنسبة لكل مجموعة يتم تحديد الوظائف الرئيسية، وكذلك الوظائف الفرعية والوظائف والمهام الثانوية تحت كل وظيفة رئيسية.

4. من واقع الخطوط العريضة السابقة ترسم الخريطة التنظيمية أو الهيكل لكل مجموعة (الخرائط الفرعية).

5. تجمع هذه الخرائط الفرعية الخاصة بكل مجموعة من الأنشطة أو الوظائف...الخ.في خريطة تنظيمية واحدة.

الفصل الخامس
مفهوم الإستراتيجية التسويقية

مفهوم الإستراتيجية التسويقية

مقدمة:

الإستراتيجية هي خطة صممت لتحقيق الأهداف طويلة الأجل، التي تسعى المنظمة إلى تحقيقفها، ولا تنفصل الاستراتيجيات التسويقية عن الاستراتيجيات الأخرى في المنظمة، وإنما تنبثق عنها وتتكامل معها، وتشتمل الاستراتيجيات التسويقية على عديد من الأبعاد منها:

- سوق المنتج (السلعة أو الخدمة) الذي تتوقع المنظمة أن تنافس منه.
- مستوى الاستثمارات المطلوب لتحقيق نمو المنظمة وبقائها وسيطرتها على السوق.
- خط المنتجات التسعير واستراتيجيات التوزيع المطلوبة للمنافسة في أسواق معينة.
- الأصول والمهارات التي تمتلك المنظمة فيها ميزة استراتيجية معينة.

فالاستراتيجية الناجحة تقوم على أصول مثل : العلامات التجارية والأسماء التجارية، وعلى المهارات والخبرات التي يمتلكها العاملين فيها، سواء في مجالات الإنتاج أو التسويق أو غير ذلك، وتعتمد المنظمة على دمج الأصول والمهارات معاً وصولاً لتحقيق مزايا تنافسية.

ويقوم تحقيق المزايا التنافسية عادة على أساسيين هما:

- التكلفة المنخفضة.
- الاختلاف عن الاخرين.

ويقوم الاختلاف على تطوير منتجات ذات تصميم مختلف عن تصميم المنافسين، أو على أداء مختلف لهذه المنتجات، أو جودة مختلفة، وباختصار فإن المنظمة تسعى لجعل منتجها مختلفاً، وإذا ما نظر المستهلك لمنتج ما بوصفه مختلفاً فإن حساسيته نحو السعر تقل، ومن ثم يستطيع البائع أن يحصل لهذا المنتج على سعر أكبر.

وإذا تمكنت المنظمة من تخفيض تكاليفها، فإنها تستطيع أن تبيع المنتج بسعر أقل، وبالتالي تزيد وتوسع حصتها السوقية، ومن ثم أرباحها، ويمكنها أن تستخدم هذه الأرباح في زيادة حملاتها الإعلانية.

إيجابيات الاستراتيجيات التسويقية:

يحقق تطبيق الاستراتيجيات التسويقية مزايا أهمها:

- مساعدة المنظمة على اكتشاف العوامل الخارجية والتعامل معها، فوضع الاستراتيجية يؤدي إلى تحليل مجالات تسويقية عديدة كالمنافسين والمستهلكين، وما كان ممكناً أن تتجه الإنظار إلى تحليل هذه المجالات، إلا في مرحلة إعداد الاستراتيجية.

- تمكن الاستراتيجية من توقع التغيرات المحتملة في البيئة والاستعداد للتعامل معها بكفاءة، وبالتالي لا تكون أعمال المنظمة مجرد ردود أفعال.

- توجه الاستراتيجية الاهتمام إلى توجيه النظر للأجل الطويل، بدلاً من حصره في الزمن القصير وتوجيهها للأوضاع قصيرة الأجل أو الطارئة.

- تساعد الاستراتيجية المنظمات خاصة الكبرى منها، على الاهتمام بالسوق العالمية وأخذها في الحسبان.

وضع الاستراتيجية:

يمر وضع الإستراتيجية بعدة مراحل هي:

- وضع تصور عام وشامل لمهمة المنظمة.

- تحديد وحدات الأعمال الاستراتيجية في المنظمة، ووضع تحليل مفصل لأداء كل وحدة، ينبثق من الصورة العامة والشاملة.

- وضع الاستراتيجية التسويقية بكل وحدة أعمال أو منتج.

- تحويل الاستراتيجية الخاصة بكل وحدة أعمال أو منتج إلى خطط تفصيلية.

- تنفيذ الخطط التفصيلية.

وباختصار فإن مراحل وضع الاستراتيجية، تتضمن أن نحدد لأنفسنا ما الذي نريد عمله، وما هي استراتيجيتنا؟ ثم تقرر بعد ذلك كيف ننفذ هذه الاستراتيجية.

ويتطلب وضع الاستراتيجية وتنفيذها، تحديد عناصر المزيج التسويقي، الذي يتطلب بدوره تصنيف المنتج ذاته، وعلى سبيل المثال يمكن أن يكون السؤال المطروح هل المنتج الذي تنتجه هو صابون بالكولونيا، أو هو كولونيا ممزوجة بالصابون؟ هذا السؤال مهم، فالإجابة عليه تؤثر على تحديد السعر وعلى الحملة الإعلانية وعلى أشياء أخرى، فالسعر المنخفض قد يجعل المستهلك ينظر إلى المنتج بوصفه صابون، والسعر العالي قد يجعله ينظر إليه بوصفه كولنيا، ولتقريب هذا المثال، افرض أن شخصاً ما ينتج مزيجاً من الشاي واللبن الحليب فإن على هذا الشخص أن يصف منتجه، هل هو شاي بحليب؟ أو هو حليب بشاي؟

السؤال الصعب هو: من نحن وإلى ماذا نسعى؟

على المديرين في المنظمة أن يسألوا أنفسهم: من نحن؟ وما هي غايتنا التي نسعى إلى تحقيقها؟ ما هو مجال عملنا الحالي والمستقبلي؟ ما هو المنتج الذي تنتجه؟ والإجابة على هذه الأسئلة تنبع من ماضي المنظمة، ومن قدراتها ومواردها، ومن عوامل البيئة المحيطة بها والتي تعمل من خلالها، والغاية تحدد المجال الاساسي الذي على المنظمة أن تعمل داخله، وترتبط الإجابة على الأسئلة السابقة ارتباطاً كبيراً بعملية الإنتاج، فقد تكون الإجابة: نحن نشأنا لكي ننتج ماكينات تصوير المستندات، أو قد تكون أكثر اتساعاً وشمولاً مثل: نحن منظمة إنتاجية، لكن يجب ان تكون الإجابة أكثر تحديداً وأن تشتمل على هدف يمثل الحاضر والمستقبل كذلك، ولكي تكون الإجابة متكاملة وسليمة، يجب أن تغطي المجالات الآتية: تحديد خط المنتجات، تحديد مستوى التكنولوجية المستخدمة، تحديد اتجاهات النمو والتطور، وتحديد السوق (أو الأسواق) الذي نركز على الاتجاه إليه.

وتتضمن الاستراتيجيات التسويقية عادة قرارات تحد ماهية المنتجات التي يجب إضافتها إلى خطوط الإنتاج، وتلك التي يجب استبعادها، والأخرى التي تحتاج إلى إدخال بعض التعديلات عليها، والواقع أن ربط الغاية بمجال الإنتاج هو شيء منطقي وتفضل بعض المنظمات التعبير عن الغاية عن طريق ربطها بالمستهلك وليس بالإنتاج، ومثال ذلك أن تحد هيئة المواصلات السلكية واللاسلكية غايتها بأنها أعمال الاتصالات وليس أعمال التليفونات.

وأياً كان الأمر فإن تحديد الغاية يتطلب إلى السوق الذي يجري فيه تسويق السلعة أو الخدمة، ويمكن التعبير عن السوق جغرافياً – سوق القاهرة أو سوق جمهورية مصر العربية، أو سوق الدول العربية – كما يمكن التعبير عنه على اساس مجموعات المستهلكين – ملابس رياضية أو شبابية – .

ويجب أن تشير الغاية أيضاً إلى نوعية ومستوى التكنولوجيا المستخدمة، فتتجه بعض الشركات إلى الاعتماد على أرفع مستويات التكنولوجيا المتاحة وتجري وراء كل جديد ومستحدث في هذا المجال، بينما تتجه منظمات أخرى إلى الاعتماد على تكنولوجيا بسيطة أو حتى على العمل اليدوي.

كذلك يجب أن تشتمل الغاية على توضيح المجالات التي تسعى المنظمة إلى النمو فيها، فهل تركز على زيادة تواجدها في الأسواق التي تتعامل معها حالياً، او على فتح أسواق جديدة أو على الاعتماد على منافذ توزيع جديدة.

وإذا ما حددت المنظمة غايتها، فإن عليها أن تحلل وتدرس وحدات الأعمال الاستراتيجية فيها، وأن تحدد الأنشطة والمهام التي يجب أن تقوم بها هذه الوحدات.

تحليل وحدات الأعمال الاستراتيجية:

توضع الاستراتيجيات التسويقية لكي تستخدمها وحدات الأعمال في المنظمة، وقد يقصد بوحدات الأعمال في المنظمنة الوحدات التنظيمية - إدارات أو أقسام - أو يقصد بها خطوط إنتاج أو حتى مجرد منتجات معينة.

وتلعب وحدات الأعمال دورها في تحقيق أهداف المنظمة، وقد تنمو بعض الوحدات بشكل أسرع من غيرها، أو تحقق تدفقات نقدية أكثر أو أسرع، إلا أننا علينا أن ننظر إلى هذه الوحدات معاً في مجموعة واحدة متكاملة تسمى عادة بالإنجليزية (حقيبة أو محفظة).

ويرتبط مفهوم حقيبة وحدات الأعمال ارتباطاً قوياً بمفهوم دورة حياة المنتج والذي سبق لنا عرضه.

فقد قلنا من قبل أن للمنتج مراحل حياة هي: الظهور والنمو والنضج والانحدار أو الانحسار، وشأن المنتج في هذا شأن الكائنات الحية، فخلال فترة الظهور تنمو المبيعات بسرعة إلا أن ارتفاع التكاليف خلال هذه المرحلة يجعل الأرباح ضئيلة ثم يدخل المنتج مرحلة النمو حيث تزداد الأرباح، ومع نهاية مرحلة النمو، يبدأ معدل زيادة الأرباح في التناقص ويصل الربح في مجموعة إلى الذروة، وفي مرحلة النضج تبلغ المبيعات حدها الأقصى بينما تتحرك الأرباح ببطء نتيجة زيادة حدة المنافسة، وفي هذه المرحلة وإذا لم يحدث تحول ما كبير، فإن هذا المنتج يستبعد عادة من خط المبيعات.

ويساعد مفهوم دورة حياة المنتج، مع مفهوم حقيبة وحدات الاعمال المدير في النظر إلى المنتجات التي يشتمل عليها خط المنتجات بوصفها مجموعة واحدة، والوضع الأمثل الذي تكون فيه المنظمة، إذا ما كان لها عدة منتجات يمر بعضها بمرحلة الظهور ويمر الآخر بالمراحل الأخرى، ذلك أن مرور جميع منتجات المنظمة بمرحلة واحدة يوقع المنظمة في متاعب كثيرة، فإذا كانت جميع المنتجات في مرحلة الظهور فإن المنظمة تواجه متاعب كثيرة في التدفقات التقدية، وإذا كانت جميع المنتجات في مرحلة الانحدار، فإن على المنظمة أن تستعد لإغلاق أبوابها بصفة نهائية.

وقد صورت مجموعة بوسطن الاستشارية بالولايات المتحدة، مصفوفة توضح العلاقة بين وحدات الأعمال في المنظمة، ومراحل دورة الحياة.

وتقوم فكرة المصفوفة على أن ربحية وحدة الأعمال أو المنتج تتحدد على أساس الحصة السوقية وعلى أساس أن نمو المبيعات يأتي نتيجة ما اكتسبته المنظمة من خبرة إنتاجية تمكنها من تخفيض التكاليف وتعظيم الربح.

المصفوفة ومراحل دورة حياة المنتج:

رأينا مما سبق أن هناك علاقة وثيقة بين المصفوفة وبين مراحل دورة حياة المنتج. ففي مرحلة الظهور تكون معدلات النمو عالية والحصة السوقية محدودة، وإذا ما دخلت السلعة مرحلة النمو ورسخت فيها وبدأت في الاتجاه إلى مرحلة النضج، فإن المنافسة تكون قد بدأت تشتد نتيجة لتزايد احتمالات الربح، ومن ثم تبدأ معدلات نمو السوق في الانخفاض، وعلى الرغم من تناقص معدلات النمو في مرحلة النضج إلا ان حجم المبيعات يكون آخذاً في الزيادة حتى يصل إلى الذروة حيث تكون السلعة ، وعلى الرغم من أن الحصة السوقية تتجه للانخفاض فإن حجم المبيعات يتزايد ولكن بمعدل يقل عما كان يتحقق من قبل، ويرجع تزايد حجم المبيعات إلى كبر حجم السوق الكلي.

أما في المرحلة الأخيرة لدورة حياة المنتج – مرحلة الانحدار أو الانحسار – فإن ارقاماً كثيرة تتجه إلى التناقص – أرقام حجم المبيعات، الحصة السوقية، الربح، معدل النمو – ومن ثم يتجه المنتج في هذه الحالة تواجه المنظمة مشكلة المحافظة على وضع السيولة، ومشكلة التخلص من المنتجات.

اختيار الإستراتيجية التسويقية:

إذا ما انتهت المنظمة من تحليل وحدات الأعمال في شكل المصفوفة فإن عليها أن تضع تصوراً للدور الاستراتيجي الذي يجب ان تلعبه منتجات كل مربع، والهدف من تحديد الأدوار هو التوصل إلى استراتيجيات مناسبة، ويقوم اختيار الاستراتيجيات المناسبة على استخدام ما تملكه المنظمة من مزايا تنافسية.

ويتطلب استكشاف ما تملكه المنظمة من مزايا تنافسية فكراً خلاقاً ومعرفة بالماضي والحاضر وصولاً للمستقبل، كذلك يتطلب الأمر النظر إلى المنظمة نظرة جديدة، والواقع أنه من السهل علينا أن ننصح المديرين بالنظر إلى المنظمة نظرة جديدة، إلا أن تنفيذ ذلك هو الصعب، وينصح البعض المدير هنا بنصائح منها:

- عليك أن تتحدى الاستراتيجيات الحالية.
- ألعب على نقاط الضعف لدى المنافسين.
- غير قواعد اللعبة لصالحك.

وهناك نصائح أخرى عديدة، والواقع ان اختبار النواحي التسويقية لاكتشاف المزايا التنافسية التي تتمتع بها المنظمة والتي يمكن استخدامها، يعتمد على عوامل عديدة وعلى القوى الدافعة والقوى المعوقة في البيئة التي تعمل المنظمة من خلالها.

السؤال الصعب الذي يواجه المدير في هذه المرحلة هو: ما الذي تنافس به أو عليه، ويتعلق هذا السؤال بالميزة التنافسية التي سبق الحديث عنها، ومن خلال

معرفة الإجابة على هذا السؤال، فإن المنظمة تحاول تغيير قواعد اللعبة في السوق لصالحها. ومرة أخرى فإن الأمر يحتاج إلى تفكير خلاق وإلى خيال واسع، ولشرح ذلك نستغير مثالاً من السوق الأمريكية، فقد كانت شركة زيروكس الشركة العملاقة في مجال ماكينات تصوير المستندات ولكي تنجح شركة سافين في منافستها، كان الأمر بالنسبة للشركة الأخيرة أكثر من صعب، لكن الشركة الأخيرة استطاعت أن تكسب المنافسة حيث اكتشفت نافذة تسويقية، أو فتحة استطاعت أن تنفذ منها إلى السوق، فقد قامت شركة سافين بدراسة المستهلك لهذا النوع من الماكينات، ثم اتجهت إلى صغار العملاء من أصحاب المكاتب والورش والمصانع الصغيرةن ودرست ما يقومون به من أعمال، وتعرفت على احتياجاتهم الحقيقية [التكنولوجيا التي يفضلون استخدامها، تصميم منتجاتهم وعملياتهم الصناعية، منافذ التوزيع التي يستخدمونها، شروط التسليم، الأسعار، الخدمات التي يحتاجونها بعد البيع] ووضعت شركة سافين خطة للوفاء بهذه الاحتياجات بطريقة تختلف عن طريقة شركة زيروكس وبشكل أفضل مما تقدمه، وقد قامت هذه الخطة على أساس أن هذه الفئة من المستهلكين تحتاج ماكينات تصوير أقل سعراً، وذات جودة متوسطة لكن يمكن الاعتماد عليها والوثوق فيها.

والمشكلة التي تواجهها منظمات كثيرة، هي أنها تعمل في سوق تسيطر عليه منظمة كبيرة رائدة، فكيف يمكن مواجهة هذه المنظمة الرائدة والنيل منها بل وإصابتها بالجراح؟

والرد على هذا السؤال، هو أن المنظمة الكبيرة المسيطرة والرائدة شأنها شأن أي منظمة أخرى قد تواجه مشكلات ومصدر المشكلات للمنظمة الرائدة هو عادة عوامل خارجية مثل: القرارات الحكومية، التغير في التكنولوجيا التي تستخدمها الصناعة التي تنتمي إليها، ظهور منافس آخر لها في السوق تكون له شخصية واضحة ومتميزة، أو تحول منظمة موجودة في السوق وذات خبرة للدخول في سوق منتجات المنظمة الرائدة فإذا ما حدثت مثل هذه التغيرات في مواجهة المنظمة الرائدة، فإن قواعد اللعبة في السوق يمكن أن تتغير بشكل أساسي لكل الأطراف، وينجم عن هذا التغير فرص جديدة يمكن اقتناصها.

ومرة أخرى نقول أن اختيار الاستراتيجية المناسبة يقوم على ما تملكه المنظمة من مزايا تنافسية، وتنبع المزايا التنافسية من مصدرين أساسيين هما: تمتع المنظمة بتكاليف منخفضة، أو تميز المنتج الذي تنتجه بمزايا خاصة، بحيث ينظر المستهلك إليه بوصفه مختلفاً عن منتجات المنافسين له.

وأياً كانت الاستراتيجية التي سوف تستخدمها المنظمة، فإن علينا أن نعرف أن المنظمة الواحدة قد تستخدم في ذات الوقت أكثر من استراتيجية معاً. وبينما تختلف منظمة عن أخرى في تكاليف الإنتاج، فإن آخرين قد يعتمدون على اختلاف المنتجات أو حجم السوق أو التوزيع، وفي النهاية لا بد أن تستهدف الاستراتيجيات المتبعة معاً في النهاية تحقيق هدف المنظمة ككل.

التسويق والحرب:

لاحظنا في هذا الفصل أننا في مجال التسويق أصبحنا نستخدم الكثير من المصطلحات العسكرية مثل: الاستراتيجية، التكتيك، الهدف التسويقي، سياسة الاختراق، الهجوم، الدفاع... وغير ذلك من المصطلحات.

والواقع أنه ظل المنافسة والحرية الاقتصادية، والسوق المفتوح للمنتجين المحليين، وللمنتجين الأجانب، أصبح بقاء المنظمة في السوق ونموها، رهن بقدرتها على المواجهة مع الاخرين، بل إن دخول السوق نفسه لأول مرة هو حرب بمعنى الكلمة.

وقد قسم كل من رايز وتروت الحروب التسويقية إلى أربعة أنواع هي:

أ. الحرب الدفاعية، وتقوم بها الشركة القائدة في السوق حفاظاً على ضرورة تطوير القائد لنفسه باستمرار عن طريق تقديم منتجات متعددة تنافس بعضها، سواء من حيث السعر أو من حيث الجودة، مع التركيز على تحقيق المكاسب في الأجل القصير، وربما إلى تحمل تكاليف إضافية، وتتطلب هذه

الحرب من قائد السوق ألا يغض الطرف عن صغار المنافسين، وألا يمنعه كبرياءه من الاعتراف أن بإمكان النملة أن تضايق الفيل، وبإمكان الكلب الصغير أن يستغل غفلة الأسد لخطف قطعة لحم من مائدته.

ب. الحرب الهجومية، ويقوم بها عادة الشركة الصغيرة ضد الشركة القائدة في السوق، بهدف إنزال القائد عن عرشه واحتلال مكانه كقائد للسوق وليس مجرد زيادة الحصة السوقية للشركة الصغيرة، وتتطلب هذه الحرب من الشركة الصغيرة، دراسة الشركة القائدة دراسة تفصيلية، للبحث عن ثغرة تنفذ منها للهجوم عليها واحتلال موقعها، وقد تكون هذه الثغرة في المنتج الذي يقدمه القائد أو في وسيلة الإعلان التي يعتمد عليها، أو في السعر أو الجودة أو غير ذلك. ومن المهم أن تراعي الشركة الصغيرة المهاجمة، حصر الهجوم في نطاق ضيق- سلعة واحدة مثلاً أو صنف واحد-.

ج. حرب المفاجأة يلعب سلاح المفاجأة دوراً هاماً في الحروب التسويقية والواقع أنه أ:ثر أنواع الأسلحة التسويقية استخداماً، وإن كان يحمل دائماً في طياته مخاطر جمة، وتحقق المفاجأة حركة الخصم، ومن ثم تعطي الشرطة صاحبة المفاجأة فرصة التحكم في السوق لفترة، وتتطلب المفاجأة أن تحرص الشركة على سرية مشروعاتها لتطوير منتجاتها، وألا تعلن عنها قبل نزولها السوق بوقت طويل، وقد تتمثل المفاجأة في تقديم تخفيض في السعر، أو بتقديم سعر أعلى، أو بتغير حجم السلعة أو نظام التوزيع، ومن المهم أن تحافظ الشركة صاحبة المفاجأة على قوة الدفع، وألا تعطي للمنافسين فرصة لالتقاط الأنفاس أو تجميع قواهم أو الرد، وذلك بتقديم مفاجآت جديدة تربك المنافسين.

د. حرب العصابات وهي نوع من الحروب التسويقية التي تشنها الشركات الصغيرة على الشركة القائدة أو الشركات الكبيرة بفرض تحقيق كسب سريع.

وتقوم هذه الحرب عادة على توجه الشركة إلى شريحة تسويقية صغيرة يسهل عليها الدفاع عليها، فمن الصعب على الشركة الصغيرة دخول معركة شاملة مع الشركة الكبيرة، ومن ثم توجه الشركة الصغيرة جهدها إلى شريحة صغيرة في السوق لم ينتبه إليها الكبار، لتقدم إلى أفراد هذه الشريحة ما لم تتمكن الشركات الكبرى من تقديمه.

الفصل السادس

استراتيجيات المنتجات

استراتيجيات المنتجات

أولاً: مفهوم المنتج:

ليس من السهل تعريف المنتج، وبغير المنتج لا يكون هناك تسويق، وبغير المنتج الجيد تكون فرصة نجاح التسويق ضئيلة، ويقول أحد خبراء التسويق يمكنك أن تنتجح بمجرد الاعتماد على الإعلان، أن كل الوسائل تسقط إذا لم يكن لديك منتجاً ومزيجاً تسويقياً مناسباً، فبغير ذلك سوف تذهب أموالك إدراج الرياح.

ولكن ما هو المنتج، الواقع أن أي منتج هو في الحقيقة ثلاث منتجات هي: المنتج العام، المنتج الملموس، امنتج بمفهومه السيكولوجي.

أ. المنتج العام The Generic Product:

ويشير ذلك إلى النمط الأساسي للمنتج وللوظيفة التي يؤديها، وعلى سبيل المثال فإن المنتج العام لسلعة مثل الأيروسول هو تثبيت الشعر أو تجفيفه بالنسبة لسلعة كالسيارة وهو الراحة والتحرك عندما يريد الإنسان والتوقف أيضاً عندما يريد، فالمستهلك يتوقع أن تؤدي السلعة له وظائف أساسية معينة أو منافع معينة، فأنت عندما تشتري حاسباً آلياً فإنك لا تهتم عادة بمكونات هذا الحاسب من أجزاء ميكانيكية وكهربية وإلكترونية وبلاستيكية ولكنك تهتم بما سيحققه لك من مساعدة في حل المشكلات، ولقد بدأ صانعو الحواسب الإلكترونية تعريف منتجهم الذي يبيعونه إلى المستهلك في البداية بأنه "القدرة الحاسبة" ثم أخذوا يعرفونه على أنه "القدرة على حل المشكلات" وأصبحوا اليوم يعرفونه بأنه "القدرة على تخفيض درجة عدم التأكد عند اتخاذ القرارات".

ويهتم المسوقون بتحديد المنتج العام حيث يساعدهم ذلك في مخاطبة المستهلك فجوهر المنتج العام هو الذي يجعل للسلعة مكاناً في السوق أكثر من صفاتها وملامحها الخارجية.

ب.   المنتج بالمفهوم العضوي The Physical Product:

يشير اللفظ هنا للمكونات الطبيعية للسلعة، فالتلفزيون تراه وتلمسه بحواسك مكوناً من شكل معين ولون أو الوان معينة وشاشته ذات مساحة معينة واستهلاكه للطاقة محدد، والسيارة منتج ملموس مكون عضوياً من جسم وعجلات وأجزاء معدنية مختلفة وأجزاء ميكانيكية، وباختصار المنتج هنا هو الشيء العضوي المجسد الملموس الذي جرى تصنيعه.

ج.   المنتج بالمفهوم السيكولوجي The Psychological Product:

المنتج بمفهوم السيكولوجي هو المنتج المجسد الملموس الذي يمثل مخرجات للمصنع، مضافاً إليه العبوة، وخدمات ما قبل وأثناء وبعد البيع، والإعلان والتمويل، والنقل والتحريك من خلال الوكيل أو تاجر الجملة إلى تاجر التجزئة والمستهلك النهائي، وكل ما له قيمة من وجهة نظر المستهلك.

إذا هو مفهوم شامل يضم المنتج نفسه بشكله الطبيعي إلى جانب كل من يصاحب تقديمه إلى السوق من خدمات مثل الصيانة وقطع الغيار وارشاد المستهلك والضمان، فقد يرفض المستهلك شراء سيارة مع عمله أنها على جودة عالية لعمله بعدم وجود متخصصين في إصلاحها أو لعدم توافر قطع الغيار، ومن ثم فإن على الشركة المنتجة أن تنظر إلى النظام الاستهلاكي الكلي من وجهة نظر المشتري، فهي تبيع له نظاماً كاملاً وليس مجرد سلعة ملموسة لها ملامح معينة، وقد تنحصر المنافسة في بعض الحالات بين المنتجين في مجال العبوة والتغليف وترتيبات التسليم وخدمة ما بعد البيع ولا تتمحور حول المنتج ذاته بشكله الملموس أو بتكوينه الطبيعي.

تصنيف المنتجات:

يتطلب وضع استراتيجية المنتجات تصنيف المنتجات، وقد سبق لنا تصنيف المنتجات على أنها: سلع المستهلك، سلع المشتري الصناعي، سلع المشتري التجاري، ثم أننا نوهنا إلى أن المنتجات قد تكون سلعاً وقد تكون خدمات، وهذا التصنيف مفيد عند وضع الاستراتيجيات التسويقية. فالتسعير يمثل مشكلة أكبر في سلع المشتري الصناعي عن سلع المستهلك، والإعلان تقل أهميته في حالة المشتري الصناعي عنه في حالة المستهلك، حيث يزيد الاعتماد على البيع الشخصي في سلع المشتري الصناعي، كذلك تختلف دوافع الشراء وأنماط قرار الشراء في كلا الحالتين، والواقع أن وضع الاستراتيجيات التسويقية يتطلب أخذ الفروق العامة السابقة في الاعتبار، لكنه يتطلب أيضاً إضافة الكثير إليها عند دراسة كل منتج على حده، ولذلك علينا أن نصنف المنتجات مرة أخرى تصنيفاً آخر، وسوف نقتصر هنا على تصنيف سلع المستهلك.

ويمكن لنا في هذا الصدد تقسيم سلع المستهلك إلى: السلع الميسرة (الاستقرابية)، سلع التسوق، السلع الخاصة.

أ.   السلع الميسرة (الاستقرابية) Convenience وهي تلك السلع التي يشتريها المستهلك عادة بشكل متكرر وبغير مجهود ومن أقرب منفذ، ومن أمثلة هذه السلع: الصحف، السجاير، المياه الغازية، الصابون، الكبريت، الخبز، ويلاحظ هنا أن هذه السلع لا يصر المستهلك عادة على علامة تجارية معينة وأنه يشتريها من أقرب مكان متى شعر بحاجته إليها.

وتؤثر طبيعة هذه السلع على السياسات التسويقية للمنتجين. فالمنتجون يسعون هنا إلى توفير بضاعتهم في كل منافذ البيع المتاحة حتى تكون السلعة أقرب ما يمكن للمستهلك، وتاجر التجزئة بدوره لا يحتفظ بمخزون كبير منها لأنه يتعامل مع عدد كبير من المنتجات، ويعتمد تجار التجزئة هنا على استيفاء

احتياجاتهم من تجار الجملة، ويحصل كلا الطرفين على هامش ربح محود حيث أن أسعار السلع عادة زهيدة ولا يمكن الهامش المحدود تاجر الجملة أو غيره من الإعلان الواسع عن هذه السلع.

ب. سلع التسوق Shopping: وهي تلك السلع التي نجد مستهلكيها على استعداد لبذل بعض الوقت والمجهود لانتقاء واختيار ما يناسبهم منها، ويقارن المستهلك بين الماركات المختلفة على أساس عناصر مثل المتانة، الجودة، السعر، ومن أمثلة هذه السلع: الأثاثات، الملابس، السيارات المستعملة، وواضح من هذه الأمثلة أن هذه السلع تتميز بأنها أعلى سعراً من السلع الميسرة، كما أن شرائها غير متكرر بنفس الدرجة، وأن موديلاتها تتغير من وقت لآخر.

وتنعكس طبيعة سلع التسوق على تسويقها، فهامش الربح الأكبر نسبياً منه في حالة السلع الميسرة، يمكن المنتج والموزع من بذل جهود ترويجية وإعلانية أكبر، كما أن رغبة المستهلك في البحث والاختيار والانتقاء تدفع المنتجين إلى عرض سلعهم في الأسواق التي يعرض فيها المنتجون الآخرون، حتى تتاح للمستهلك فرصة إجراء المقارنة والاختيار. كما أن المنتج يلجأ للتعامل رأساً مع تجار التجزئة وليس مع تجار الجملة.

ج. السلع الخاصة Specially Goods: وهي السلع ذات الملامح الفريدة والمميزة بعلامة، ويتميز مستهلك هذه السلع بقبوله بذل مجهود كبير في البحث عنها، ويتمكسه بماركة معينة، وباستعداده لدفع سعر أكبر فيها. فالسعر هنا ليس عاملاً أساسياً في الاختيار، وإنما العامل الاساسي هو ما تحققه حيازة المستهلك لهذه السلعة من تميز اجتماعي، ولعلنا نلاحظ في سلوكياتنا تمسك بعض المستهلكين بأن تكون النظارة بيروسول أو ريبان، والحقيبة سمسونايت والكرافتة كريستيان ديور، والقميص فان هاوزن وصوف البدلة هيلد إنجليزي وهكذا، فالمستهلك هنا ولا لماركة معينة

شديد، وقد يظل طيلة عمره يستخدم نفس الماركة، وتعرض هذه السلع عادة في عدد قليل من المتاجر مما يسهل للمنتج التعامل مباشرة مع تاجر التجزئة.

وإذا كان تصنيف المنتجات إلى ميسره وتسوق وخاصة، مفيداً في وضع الاستراتيجيات التسويقية، فإن تطبيق هذا المفهوم ليس دائماً سهلاً، فهناك محددات تعوق أحياناً الاعتماد على هذا التصنيف، ومن هذه المحددات:

- صعوبة تصنيف السلعة في بعض الأحوال واعتبارها من هذه الفئة أو من تلك أننا لا نجد سبباً واضحاً يجعلنا مثلاً نضع الملابس الجاهزة والأحذية ضمن سلع التسوق بينما نضع البدل الرجالي ضمن السلع الخاصة.
- الاختلاف مع وجهة نظر المستهلك فقد ينظر المستهلك محدود الدخل إلى الحذاء الرياضي العادي على أنه من سلع التسوق.
- أنه تصنيف جامد قد نجد الكثيرين من المسوقين يخالفونه. فالسجاد يعتبر تقليدياً من سلع التسوق، لكنا نجد في بعض الدول السجاد يباع بالبريد أو من الباب – للباب.

وترجع أهمية التصنيف في أننا نعتمد عليه عند وضع الاستراتيجية التسويقية، وقد ذهبت بعض الشركات في محاولاتها للتغلب على عيوب التصنيف السابق إلى تحديد أسس معينة خاصة بها، تقوم بناء عليها بوضع التصنيف المناسب لسلعها.

تمييز المنتجات:

يختار المستهلك المنتج الذي يشتريه من بين عدة منتجات متنافسة مطروحة في السوق، وقد تكون هذه المنتجات مميزة أو غير مميزة، والمنتج المميز هو الذي يبدو مرغوباً لصفات خاصة فيه من وجهة نظر المستهلك عن صفات المنتجات الأخرى ويعتمد تمييز المنتج على عناصر مثل: السعر، الحجم، اللون، الجودة، ومن

المهم أن ننظر إلى هذه الصفات حسب ما يهتم به المستهلك، فقد لا يهتم المستهلك عند شرائه آلة حاسبة بلون هذه الآلة وإنما بعدد العمليات التي تقوم بها، كذلك لا يهتم بلون مفك أو مثقاب آلي (شنيور) وإنما يهتم بمتانته وسرعته، ويجب الاهتمام بتحليل ردود فعل المستهلك وانطباعاته حول هذه الصفات إذا ما أردنا تمييز المنتج.

ويمنح تمييز المنتج للمنتجين وللمسوقين مزايا عديدة، ولذلك يسعى المنتج عادة لإيجاد اختلافات حقيقية أو وهمية تعطي المستهلك إحساساً بأن المنتج الذي يشتريه مميز، والواقع أن عملية التمييز ليست بهذه البساطة، فقد يشتري اثنان من المستهلكين نفس السلعة المتطابقة ويشعر إحدهما أن حاجته قد أشبعت، بينما لا يشعر الآخر بذلك، كما أن من شعر بالإشباع في الأيام الأولى قد ينقلب شعوره إلى عدم رضا بعد ذلك، ومن ثم شعر بعدم الرضا في البداية قد يتحقق رضاؤه فيما بعد، ويتوقف الأمر على توقعات المستهلك، ولا يعتمد رضاء المستهلك هنا على الاداء الفعلي للسلعة بقدر اعتماده على توقعات المستهلك عن الأداء التي قد تتوقف على اعتبارات سيكولوجية لديه، ومن الطبيعي هنا أن الاداء الفعلي للسلعة بقدر اعتماده على توقعات المستهلك عن الأداء التي قد تتوقف على اعتبارات سيكولوجية لديه، ومن الطبيعي هنا أن الأداء الفعلي للسلعة يؤثر على رضاء أو عدم إرضاء المستهلك، فقد تشتري سيدة فستاناً معيناً إعجاباً بموديل هذا الفستان ثم تكتشف بعد ارتداءه عدة مرات أن عيوباً قد بدأت تظهر في لونه أو قماشه وهي عوامل لم تدخلها في حسبانها عند اتخاذ قرارها بالشراء، من ثم يظهر عليها عدم الرضا بديلاً للرضا الذي كان موجوداً عند إعجابها بالموديل، ومن هنا قلنا في بداية هذا الفصل أنه لا يمكنك النجاح بغير تقديم منتج جديد من حيث مواصفاته الطبيعية، وأنه لا يمكنك الاعتماد دائماً على الإعلان لتغطية هذا النقص، فالجودة الملموسة الطبيعية للمنتج تظل هي مفتاح النجاح وهي أيضاً مفتاح الرضا أو عدم الرضا لدى المستهلك، إذاً فالمنتج مميزاً كان أو غير مميز لن يستمر نجاحه بغير جودة صفاته.

ولا يستطيع المنتج غير المميز عادة أن يعيش وسط منتجات مماثلة مميزة.

ثانياً: دورة حياة المنتج:

يمر كل منتج بمراحل حياتية معينة، ومن الممكن أن يتغير مفهوم ومكان المنتج خلال مراحل حياته المختلفة، وتختلف الفرص التسويقية والمشكلات والاستراتيجيات التسويقية لكل منتج تبعاً لمرحلة الحياة التي يمر بها، وبالتالي فإن وضع الاستراتيجيات والخطط التسويقية المناسبة يتوقف على تحديد المرحلة التي يمر بها المنتج.

دورة حياة المنتج وعلاقة الربح بهذه الدورة:

أ. مرحلة التقديم الأولى The Introduction Stage: في خلال مرحلة التقديم الأولى للمنتج إلى الأسواق، تتزايد المبيعات ببطء، وتحقق الشركة بعض الخسائر بسبب تكاليف البحوث التي أنفقتها وبسبب جهود وتكاليف الترويج العالية التي تستهدف تعريف المستهلك بالمنتج الجديد، ومع نمو المبيعات تبدأ الخسائر في الانخفاض وقد يبدأ الربح في الظهور ، كما تتميز هذه المرحلة ببيع المنتجات بأسعار عالية نسبياً، وبقلة عدد الأصناف أو الموديلات التي يطرحها المنتج في السوق، ويكون نمو المبيعات في هذا المرحلة بطيئاً للأسباب التالية:

- التأخير في الوصول لطاقة إنتاجية مناسبة.
- المشكلات الفنية التي قد يواجهها المنتج.
- صعوبات فتح الأسواق أمام المنتج.
- أن المستهلك يستغرق وقتاً في حصول تجربته الأولى للسلعة.

ب. مرحلة النمو The Growth Stage: إذا نجح المنتج في مرحلة التقديم، فإن المبيعات تبدأ في الارتفاع، كلما زادت جهود التوزيع، وتظل تكاليف الترويج عالية في رقمها المطلق إلا أنها تنخفض كنسبة من إيرادات المبيعات نظراً لزيادة المبيعات، وتظل الأسعار عالية إلا إذا جرى تخفيضها لمواءمة الطلب أو لإحباط مساعي الآخرين للدخول كمنتجين لهذا المنتج، كما تتزايد الطاقة الإنتاجية معدل الكفاءة الإنتاجية.

ج.   مرحلة النضج The Maturity Stage: وفي هذه المرحلة يبدأ معدل زيادة المبيعات في الانخفاض نظراً لأن المستهلكين المرتقبين يكونون قد جربوا السلعة بالفعل، وينعكس ذلك بالضرورة على هامش الربح الذي كان يحصل عليه المتعاملون في السلعة، كما يبدأ ربح الوحدة المباعة أيضاً في الانخفاض كما تبدأ المنافسة الحادة في الخمود، وتتوقف المبيعات على تكرار شراء من سبق له شراء للسلعة وعلى معدل زيادة السكان، وتستغرق مرحلة النضج عادة فترة أطول مما تستغرقه المراحل السابقة، والواقع أن معظم السلع الموجودة في الأسواق حالياً وخاصة السلع المعمرة منها: التلفزيون، الثلاجات، الغسالات... تمر بهذه المرحلة وعلى هذا تكون في السوق عدة ماركات معروفة يرتبط المستهلك عادة بماركة معينة منها وتكون الأسعار مستقرة نسبياً حيث يهبط الفرق بين التكلفة وبسعر البيع إلى المستوى العادي، وإذا ما حقق أحد المنتجين زيادة في مبيعاته فإن ذلك يكون على حساب حصص المنافسين وليس كنتيجة لزيادة مبيعات السوق ككل.

وتتميز مرحلة النضج أيضاً بأن تكاليف المتنافسين تتقارب وأن تكاليف الترويج تستقر، ولا توجد فرصة لرفع السعر نظراً لوجود المنافسة، كما أن تخفيض السعر لن يؤدي إلى زيادة المبيعات إلا زيادة مؤقتة حيث سيقوم المنافسون بالرد على هذا التخفيض مماثل مما يؤدي لانخفاض أرباح الجميع عن ذي قبل.

د.   مرحلة الانحدار The Decline Stage: تواجه معظم المنتجات هذه المرحلة بعد مرورها بمرحلة النضج، وقد تكون مرحلة الانحدار سريعة خاصة إذا ما قدمت التكنولوجيا تطويراً جذرياً لما هو موجود (التلفزيون الملون والتلفزيون غير ملون مثلاً)، وقد تستغرق مرحلة الانحدار فترة طويلة يفقد المستهلكون خلالها اهتمامهم بالمنتج تدريجياً.

المحتويات

الموضوع	الصفحة
الفصل الأول	
الاتجاهات............................	9
الفصل الثاني	
الاتصالات............................	63
الفصل الثالث	
الاستثمار في التطوير..................	109
الفصل الرابع	
البناء التنظيمي والإداري في البنوك......	133
الفصل الخامس	
مفهوم الاستراتيجية التسويقية..........	177
الفصل السادس	
استراتيجيات المنتجات.................	191
المراجع..............................	199

Printed in the United States
By Bookmasters